ET DIEU DANS TOUT ÇA !

Louis Lesage

Et Dieu dans tout ça!

Entretiens

FIDES

Catalogage avant publication de Bibliothèque et Archives nationales du Québec et Bibliothèque et Archives Canada

Lesage, Louis, 1942-

Et Dieu dans tout ça! Entretiens

ISBN 978-2-7621-2867-3

1. Dieu (Christianisme). 2. Foi. 3. Vie spirituelle.
4. Personnalités – Québec (Province) – Entretiens. I. Titre.

BT103.L47 2008   231   C2008-941368-7

Dépôt légal : 4ᵉ trimestre 2008
Bibliothèque et Archives nationales du Québec
© Éditions Fides, 2008

Les Éditions Fides reconnaissent l'aide financière du Gouvernement du Canada par l'entremise du Programme d'aide au développement de l'industrie de l'édition (PADIÉ) pour leurs activités d'édition. Les Éditions Fides remercient de leur soutien financier le Conseil des Arts du Canada et la Société de développement des entreprises culturelles du Québec (SODEC). Les Éditions Fides bénéficient du Programme de crédit d'impôt pour l'édition de livres du Gouvernement du Québec, géré par la SODEC.

IMPRIMÉ AU CANADA EN OCTOBRE 2008

À Michèle, pour toujours!

PROLOGUE

Ces entretiens sont des regards inquisiteurs mais respectueux du cheminement des personnes rencontrées. Mon intention est de saisir quelques éléments de la fibre dont est tissé le parcours professionnel, relationnel, intellectuel ou spirituel de mes invités. C'est en toute liberté qu'ils témoignent de la construction de leur identité au fil de leur histoire personnelle et de leurs multiples engagements. C'est un questionnement sur le sens de l'existence ainsi que sur la présence et l'absence de Dieu, son voilement et son dévoilement. Au fond, avec la complicité de mes invités, j'explore des sentiers qui pourraient mener quelque part. Ils sont de tous les âges, de 30 à 92 ans, et leurs champs d'intérêts et lieux d'insertion sociale varient beaucoup. Ces entretiens ont été diffusés en 2007 et 2008 sur les ondes de Radio Ville-Marie.

Le premier invité à être interviewé était incontournable, car il est un témoin intergénérationnel de l'histoire du Québec. Vénérable personnage, s'il en est, Benoît Lacroix, qui a maintenant plus de 93 ans, nous rappelle que le spirituel se construit aussi en toute liberté et en toute sérénité dans les diverses dimensions de l'histoire et de la politique, dont il a certes été un témoin, mais peut-être aussi un acteur, en catimini.

Quelques grandes tragédies historiques se profilent en filigrane dans ces entretiens. La passion d'Alexandra Pleshoyano pour Etty Hillesum, une juive morte à 27 ans à Auschwitz, pose à nouveau la question de la foi en Dieu face au plus grand drame du siècle dernier, qui hante encore l'humanité d'aujourd'hui : la Shoah. La réponse proposée par Etty Hillesum est audacieuse et étonnante : l'amour comme seule solution. L'entrevue du dominicain Yvon Pomerleau, dévasté par le génocide rwandais, reflète un autre de ces drames qui heurtent de front la foi en un Dieu Amour. Atteint personnellement par la mort d'êtres proches, il a vu sa foi ébranlée à ce point qu'elle le porte à négocier avec Dieu et à pousser un grand cri de désolation.

Mais la souffrance gît encore quotidiennement au sein même du cœur de ceux et celles qui vivent dans notre société. Quelles interrogations cela suscite-t-il quant à la foi, et quelles réponses concrètes peut-on leur apporter ? Deux personnes affirment atteindre à l'essentiel en se préoccupant des marginalisés et des exclus, car Dieu comble l'âme des marginalisés. Mais n'est-ce qu'une illusion de plus ? Rose Dufour, une anthropologue qui se dévoue pour la cause des prostituées, découvre le mystère de la grandeur et de la beauté au creux même de l'âme de ses amies. Brian McDonough, avocat sensibilisé aux réalités des personnes handicapées mentales et à celles des détenus, croit qu'il y a quelque chose du Christ chez les exclus.

L'horizon commun à tous mes invités est la foi, une foi élémentaire dans la vie, dans son sens. Mais le défi de l'intelligence de la foi peut devenir une passion soumise au crible d'une raison chercheuse et critique, qui se déploie dans un contexte interculturel et interreligieux. Le philosophe Jean Grondin aborde directement la question du sens : « Le sens, tout le monde en parle, mais personne n'en traite vraiment. » Ce spécialiste de Kant, de Heidegger et de Gadamer universellement reconnu ouvre une nouvelle avenue dans la recherche du sens. Le jeune théologien Xavier Gravend-Tirole souhaite pour sa part abolir les frontières et barrières entre les religions. Admiratif de Ieschoua de Nazareth, il propose le métissage des religions comme voie d'avenir. Dans une perspective semblable, Bernard Senécal, jésuite, enseigne le bouddhisme dans une grande université de Séoul, en cheminant en compagnie de Jésus le Christ et de Gautama le Bouddha. Marc-Alain Wolf, psychiatre, philosophe et romancier, nourrit une réflexion sur la pertinence des rites religieux en se qualifiant tout à la fois d'athée et de juif pratiquant.

Est-il possible de plonger dans les profondeurs de l'âme pour y décrire l'expérience de Dieu ? Thérèse Nadeau-Lacour a fait le voyage depuis la philosophie jusqu'à la réflexion sur la spiritualité en passant par la théologie. Cette grande spécialiste de la mystique, et particulièrement de la vie de Marie de l'Incarnation, nous mène aux limites de l'indicible. Tourangelle comme Marie de l'Incarnation, Françoise Deroy-Pineau, arrivée à Montréal en 1967, a publié quatre biographies sur les pionnières de la Nouvelle-France que sont Marie de l'Incarnation, Madame de la Peltrie, Jeanne Mance et Jeanne Leber, et une cinquième sur le frère André. Elle nous fait découvrir un lien surprenant entre toutes ces saintes personnes.

Sur un plan purement subjectif, le thème de la foi englobe la question de Dieu. La foi est par définition une adhésion à la vie et une confiance dans la marche du monde. Trois fins observateurs et acteurs de la scène publique nous révèlent certains éléments de leur fibre intérieure. Céline Saint-Pierre, sociologue de renom, plaide pour les grandes valeurs que sont la laïcité, la démocratie, la justice, la solidarité, le respect ; André Pratte, journaliste et éditorialiste percutant, révèle son admiration pour trois personnalités qui ont influencé la construction de son identité et ont défini sa passion. Quant à Gérald Larose, qui a été de nombreuses années président de la Confédération des syndicats nationaux (CSN), il poursuit ses batailles militantes et politiques, mais avoue qu'il se laisse encore interpeller par Jésus-Christ.

Enfin, après toutes ces paroles, tous ces mots, on plonge dans le silence, un silence où la nuit de l'athéisme rejoint celle de la foi. Depuis plus de quarante ans sœur Louise vit sa vie discrète de carmélite derrière les murs du monastère du Carmel au cœur du Plateau Mont-Royal, le quartier emblématique de la révolution culturelle québécoise. Elle s'est jetée tout entière dans la flamme pure et dénudée de l'amour divin.

La formule utilisée à quelques reprises, puis retenue comme titre pour ce livre sous la forme «Et Dieu dans tout ça!», reflète notre objectif : saisir comment des gens qui me sont familiers ou qui vivent dans ma société devenue cosmopolite se laissent interpeller par cet horizon parfois obscur, parfois même tabou, celui de la foi. Celle-ci, je l'ai souvent constaté autour de moi, est loin de n'être qu'une affaire privée, bien que personnelle. Elle est un creuset où s'expérimente une liberté créatrice qui anime la totalité de la vie d'une personne, et informe donc toute sa dimension relationnelle et multidimensionnelle, pour être enveloppée dans un mystère de silence.

J'exprime ma vive gratitude aux quarante-cinq personnes qui ont généreusement accepté mon invitation à se prêter à ces entretiens de caractère bien personnel. Chaque rencontre a été pour moi une occasion d'approfondir des questions qui me sont chères.

Mes remerciements s'adressent aussi à Jean-Guy Roy et à Renaude Grégoire, de Radio Ville-Marie, qui m'ont offert une plage de choix dans la programmation. Merci à Antoine Del Busso et Michel Maillé des Éditions Fides, qui ont bien voulu accueillir cet écrit au catalogue de la maison. Merci à Soleine Joubarne et Gilles Walsh qui ont assuré avec minutie la transcription des entretiens.

Je souligne également que René Champagne, François Béland, Marc Lesage et Madeleine Sauvé ont été pour moi d'un soutien amical fort apprécié.

Par ailleurs, je n'oublie pas que la réalisation de ces entrevues est largement redevable à la Société Radio-Canada, où j'ai été journaliste et réalisateur pendant plus de vingt-cinq ans.

1

BENOÎT LACROIX
Un témoin de tous les temps

La confiance en la miséricorde, chez les chrétiens,
est égale à la confiance en la compassion, chez les
bouddhistes.

*Historien, prédicateur et écrivain, Benoît Lacroix, ce domini-
cain très connu a eu une première carrière comme professeur à
l'Institut d'études médiévales de l'Université de Montréal. Puis
il s'est spécialisé dans l'étude des religions populaires. Il a écrit et
publié une quantité impressionnante de livres et a dirigé les
éditions critiques des œuvres de Saint-Denys Garneau et du
chanoine Lionel Groulx. Il est doté d'une parole rafraîchissante
et apaisante. Le père Lacroix, c'est l'homme de la sérénité de
Dieu et de la beauté du monde.*

*À 93 ans, il en a beaucoup entendu, le père Lacroix ! Toujours
plein d'humour, il sait faire le pont entre les générations, entre
les familles, entre les sexes, entre la gauche et la droite, entre les
religions, et même entre les sectes. Des jeunes femmes dans la
vingtaine prennent plaisir à le consulter. Lui, il est fier et honoré
de les accueillir. Mais il reçoit avec autant d'empathie les arrière-
grand-mères du quartier, sans compter toutes ces religieuses qu'il
a soutenues et encouragées depuis que les « bonnes sœurs » ne sont*

Émission diffusée le 11 janvier 2007.

*presque plus qu'objets de critique et de mépris de la part de
beaucoup de celles qu'elles ont instruites et éduquées. Confident
insatiable et conseiller encourageant, il a vu de l'intérieur se
déconstruire l'Église du Québec. Il a connu bien des secrets de
familles de la bourgeoisie et reçu les dernières confessions des
grands de ce pays. Il aime les artistes, les comédiens, les poètes.
Pour surprendre les auditeurs, mais aussi le père Lacroix lui-
même, je l'ai présenté comme étant Michel de La Durantaye.*

ᔕᓫ

**Père Lacroix, il est étonnant que le premier livre que vous ayez
écrit ait été publié sous un pseudonyme, le nom de plume
Michel de La Durantaye. Était-ce par peur, par crainte ou par
coquetterie ?**

Il est arrivé un moment, dans ma vie, où j'étais très savant,
très lettré : à cette époque, peu comprenaient même ce que je
disais. J'enseignais la paléographie latine et je préparais une
thèse de doctorat. Je ne pouvais pas signer un livre de spiritualité sous mon nom, Benoît Lacroix, alors que j'évoluais
dans un milieu où les gens étaient adeptes d'une autre forme
de religion. J'avais donc choisi d'utiliser un pseudonyme, qui
était inspiré de la première partie du nom de ma paroisse,
Saint-Michel-de-La Durantaye de Bellechasse.

**Ce livre portait sur sainte Thérèse de l'Enfant-Jésus. D'où vous
venait cet intérêt ?**

Littéralement, j'ai été converti intérieurement par Thérèse de
Lisieux. Je poursuivais des études supérieures en philosophie,
en théologie et en exégèse, préparant alors une thèse de maîtrise ou de doctorat, j'ai oublié. Cette tâche était très ardue et
exigeait une ouverture plus grande de mon esprit : je m'étais
engagé dans une vocation qui demandait de connaître davantage la spiritualité. Or, je suis tombé par hasard sur un livre

qui parlait de Thérèse de l'Enfant-Jésus, que je ne connaissais pas. Je l'ai lu, et elle m'a fasciné. Pour des raisons qui ne sont pas nécessairement spirituelles. Elle m'a fasciné d'abord pour son amour du quotidien, puis pour la perspicacité de ses remarques sur les autres sœurs, carmélites comme elle, à Lisieux, en Normandie. De plus, son amour du Seigneur était absolu. Pris dans un mouvement assez ascétique comme chercheur, je me suis retrouvé tout à coup libéré par cette jeune femme que je ne connaissais pas mais qui m'a confronté : « Oui, tu peux avoir toutes les thèses, tous les diplômes, tous les doctorats que tu veux, mais le plus important, dans ta vie, c'est ce qui se vit en toi, en ton esprit, dans ton âme. » C'est alors que j'ai commencé à lire ce livre, qui s'intitulait *Histoire d'une âme*. C'est donc à mon insu que ce personnage m'a fasciné. Depuis cette rencontre, elle m'accompagne toujours. Il ne se passe pas une journée sans que je lise un petit peu de Thérèse de l'Enfant-Jésus. Pourtant, elle n'est ni écrivain ni scientifique et se moque même de ceux « qui lisent de gros livres ». Elle n'aime pas trop certaines cérémonies qui n'en finissent plus, de même que les retraites : tout ce bagage d'une petite Française, disons un peu têtue mais en même temps extrêmement portée vers l'essentiel. Et je cherchais l'essentiel par des études qui, pour moi, ne pouvaient pas être l'essentiel.

En fait, je voulais justement commencer cet entretien avec vous en parlant de la « petite Thérèse », parce que je me souviens que vous m'avez déjà dit qu'elle demeurait encore aujourd'hui, malgré « votre jeune âge », votre favorite. C'est quand même plutôt fascinant, non ?

C'est fascinant parce qu'il n'y a pas chez elle quelque chose qui m'attire, au point de vue du style. Je lis les poètes, j'aime beaucoup la peinture, la musique… J'aime tout cela. Or, je suis devant un livre qui n'a pas de qualité littéraire, devant une auteure qui fait beaucoup de fautes. Alors pourquoi est-ce que je m'attache à un texte qui, en principe, me défavorise ? C'est qu'il y a à l'intérieur de ce texte une sorte de feu sacré que je devine à travers les mots ordinaires. Je redécouvre là l'importance de la vie ordinaire, de la vie quotidienne. Il ne faut pas oublier que j'avais signé Michel de La Durantaye et que celui-ci est issu d'un milieu rural où l'essentiel de la vie se passe précisément sur la terre, auprès des animaux, parmi les choses ordinaires où rien n'arrive : il n'y a pas de radio, pas de téléphone, pas de nouvelles qui viennent nous distraire. Alors probablement que, sans le réaliser, je découvrais là, ou redécouvrais peut-être, l'essentiel de mon enfance.

Vous avez dit d'elle : « Elle ne veut rien refuser à Dieu et elle compte sur Lui pour tout. » Est-ce qu'on pourrait dire cela de Benoît Lacroix ?

Non ! Benoît Lacroix a refusé beaucoup à Dieu, parce qu'il n'est pas parfait. De plus, à 92 ans, il pourrait faire une synthèse de sa vie et rien ne ressemblerait à la qualité et à la finesse de la spiritualité de Thérèse de l'Enfant-Jésus. Mais ce qui me fascine, chez elle, et que j'ai d'ailleurs retrouvé plus tard chez saint Augustin et chez plusieurs mystiques, c'est la confiance en la Miséricorde. La confiance en la Miséricorde, chez les chrétiens, est égale à la confiance en la compassion, chez les bouddhistes. C'est un élément extrêmement important dans une société comme la nôtre, qui est bousculée, violente, remplie de conflits, et cela ne date pas d'hier. Ce que moi j'ai découvert grâce à cela, c'est que notre Dieu est Miséricorde. Et c'est sainte Thérèse qui l'a dit, l'ayant tiré de la Bible.

Vous avez parlé de simplicité, de vie quotidienne. Commençons justement par le déroulement de votre vie quotidienne. Comment un « jeune homme » de 92 ans et quelques mois, organise-t-il son quotidien ?

La vie quotidienne, c'est très simple. D'abord, je me lève très tôt, le matin, soit 5 h 15, 5 h 30. Je me lève tôt non pour des motifs spirituels, mais parce que je trouve à cette heure matinale une continuation de l'histoire des anciens moines du désert. Se lever tôt est le signe que l'on rejoint le Seigneur parce que, cette période du jour, c'est la fraîcheur, le commencement, la brume quelquefois, cela peut aussi être la rosée, l'hiver... Quelque chose de très simple, une petite neige, du vent. Le matin a toujours été considéré comme un élément majeur de l'équilibre d'une vie.

Cet amour du matin peut-il s'expliquer par le fait que vous proveniez d'un milieu rural et que vous deviez vous lever tôt pour la traite des vaches, bien que vous ne fussiez probablement pas du genre à priser ce labeur ?

Je dois vous réfuter : je n'étais peut-être pas du genre, mais je l'ai fait quand même! Et c'était très tôt le matin, en effet. C'était tôt parce que ce sont les animaux qui nous commandent; la nature nous rappelle qu'il est temps de se mettre debout. C'est tout cet ensemble, qui m'a toujours fasciné : l'éveil du jour, le matin. Je le retrouve dans les psaumes, lorsque je fais mes prières : «Seigneur, écoute-moi ce matin.» Le matin, pour moi, c'est quelque chose de sacré. Je ne pourrais pas vivre sans cette petite habitude quotidienne : je me lève, je fais le signe de la croix – je donne ma journée au Seigneur par ce signe de croix, car je n'ai pas envie de Lui parler encore à moitié endormi, mais je sais que le geste va parler. Quelque chose m'a toujours fasciné, dans le signe de la croix. C'est que, dans ce signe des chrétiens, tu vas du nord au sud et de l'est à l'ouest. Tu couvres tout l'Univers. Ce signe sacré, une croix qui s'élargit à tout l'Univers, c'est pour moi un symbole, parce que j'ai toujours pensé consacrer ma vie aux autres, là où ils sont. D'ailleurs, quand j'étais jeune, j'étais fasciné par le Japon, la Russie, l'Afrique, l'Australie...

Je ne sais pas pourquoi, étant donné que je n'étais pas tellement fort en géographie, mais mon quotidien est marqué par cela : l'éveil de la nature, l'éveil à toute l'humanité et, en même temps, l'éveil au travail, l'éveil à la prière simplifiée. C'est une grâce reçue de mes parents, je crois, que d'aimer le matin et d'aimer sortir du lit tôt. Je ne reproche à personne d'aimer se lever tard mais, personnellement, je considère comme un don divin le fait de voir le lever du jour, de voir le soleil pointer, tout à coup.

Mais j'imagine que vous n'êtes pas si matinal uniquement pour voir le lever du soleil et sentir la fraîcheur du jour. Benoît Lacroix doit bien se consacrer dès ce moment-là à certaines activités spirituelles ou intellectuelles.

Je dois dire à Louis Lesage, puisqu'il me pose des questions plus personnelles, que le matin, moi, c'est le silence, qui me fascine beaucoup. Et j'en profite en prenant un petit-déjeuner très frugal. Puis, je passe au moins une heure à penser à partir de livres. Pendant la première heure du matin, j'entre dans une bibliothèque, je regarde les livres – et les livres me regardent, je le sais – et, très souvent, à moins qu'il y ait de nouveaux livres, j'en feuillette un au hasard. J'adore ce moment parce que, pour moi, c'est la récréation, la re-création, le repos. De plus, le matin, je puis m'instruire et prendre des notes. Tout à coup, je pense à une homélie que je vais prononcer, à une conférence que je dois donner. Cela se fait dans la plus grande liberté du matin. Je jouis – je dis le mot dans son sens le plus fort –, je jouis de la liberté du matin, de la méditation du matin, de la tranquillité du matin, je n'entends rien. La majorité des gens dorment encore… C'est après cela que je me rends à l'église pour des psaumes, pour des prières. Je me sens en communion avec presque tous les mystiques du monde. Je sais que ceux-ci, qu'ils soient hindous, bouddhistes ou autres, ont tous aimé le matin.

Vous me dites que, le matin, vous marchez dans les couloirs du monastère Saint-Albert de la côte Sainte-Catherine et que vous fréquentez la bibliothèque. Est-ce que ce type de démarche peut être associé à votre oraison, qui doit normalement être au cœur d'une vie spirituelle?

L'oraison, j'en entends parler depuis très longtemps. Vers la fin du Moyen Âge, elle a commencé à être minutée. Tout à coup, j'apprenais qu'il y avait une demi-heure d'oraison, une heure de méditation... En fait, je n'y comprends rien, parce que je ne vois pas l'oraison comme reliée à la quantité. Je ne vois pas le qualitatif en train de dialoguer avec le quantitatif. Pour moi, l'oraison peut se faire n'importe quand. Je comprends cela, pour mettre de l'ordre dans un groupe ou pour quelqu'un qui y a été habitué... J'ai des amis, par exemple, qui sont de tradition orientale bouddhiste. Ils ont été habitués à utiliser le mot *oraison*. Je pense aux carmélites, je pense aussi à d'autres communautés... Ce qui m'intrigue un peu, c'est que l'on puisse tout à coup dire: «Voilà mon heure d'oraison.»

Moi, je crois que l'oraison peut entrer dans nos vies à tout moment – même au moment où je vous parle, peut-être. Je suis presque en oraison en vous voyant, Louis Lesage, mais j'essaie de me contrôler pour répondre à vos questions. Je m'amuse un peu, là. Nos [lecteurs] vont certainement comprendre que nous sommes de bons amis. Je veux simplement dire que l'oraison, pour moi, c'est la pensée libre, c'est la prière libre, c'est quelque chose qui fait que l'on pense à autre chose qu'à soi pour nous aider à mieux penser aux autres après.

Jusqu'à maintenant, nous avons parlé de contemplation, de prière, de la fraîcheur du matin. Mais vous avez dit que «les autres» demeurent le grand moteur de votre action, de votre vie, et probablement aussi de votre journée. Comment cette idée de placer véritablement l'autre au centre de votre action apostolique a-t-elle surgi?

J'ai placé les autres au centre de mon action au moment où
j'étais aux études – il n'y avait pas d'action extérieure, il n'y
avait que les études – et en relisant très souvent Thérèse de
l'Enfant-Jésus qui disait qu'elle était au Carmel pour les
autres, pour les âmes. Cela me frappait beaucoup. Elle ne
sortait pas, mais elle disait néanmoins qu'elle était là pour les
autres. Cela me fascinait, comme idée : on peut être avec les
autres sans y être physiquement. Entre-temps, je rencontre
précisément sainte Thérèse de l'Enfant-Jésus, dans son Carmel,
qui explique sa vocation : « Je donne ma vie pour aider les
gens, pour aider les prêtres. » J'étais intrigué. Aux études, je
commençais à être ambitieux, c'est-à-dire à vouloir étudier
pour moi, obtenir un diplôme pour moi, un doctorat pour
moi. Alors là, intérieurement, un problème s'est posé : « Je n'ai
pas le droit d'étudier ici, – de faire toutes ces études compli-
quées et difficiles qui réussissent comme malgré moi – j'ose-
rais dire, pour moi seul. » Et c'est un ensemble de réflexions
qui fait que j'ai été tout à l'autre. L'autre, pour moi, déjà
c'était Dieu, le Christ (je suis de tradition chrétienne catholique). C'était la Vierge Marie.

Et puis je rencontre tout à coup saint Dominique ! Saint
Dominique, c'était mon patron. Je l'aimais d'abord parce
qu'il était joyeux et, deuxièmement, parce qu'il faisait preuve
de beaucoup de miséricorde, enfin, dans toutes sortes de
petites remarques qu'il faisait. Il disait : « Moi, je donne ma
vie toute la journée aux autres et je donne ma nuit à Dieu. »
Pour ma part, n'ayant ni cette qualité, ni cette santé, ni ce
goût même de laisser tomber la nuit, de la « donner à Dieu »,
j'ai décidé de couper ma journée. L'avant-midi, je le consacre
à étudier, à méditer, à penser, à écrire ; l'après-midi, je le
donne aux autres. Et c'est un peu ainsi que s'est organisée ma
vie, et cette idée de donner ma vie aux autres, de sorte que
lorsque je pense, je veux penser aux autres. Je me retrouve
donc avec un christianisme à son meilleur. Le Christ dit : « Ce

qu'il y a de plus important, c'est de vous aimer (s'aimer à la manière du Christ) et en même temps d'aimer les autres.» Et si vous faites cela, vous atteignez à la perfection, parce que si vous aimez les autres, vous aimez le Seigneur à qui vous avez donné votre vie. Je voyais une unité dans cela et je la trouve encore. Il faut la donner, sa vie; si je la garde pour moi, elle ne vaut pas grand-chose, à mon avis.

Ce mystère de l'amour, comment pouvez-vous le traduire en termes qui ne soient pas habituels, banals, redondants? Quel est ce mystère-là? Quel est votre secret, à vous?

Je suis passionné par les études, par mes lectures, mes voyages, mes rencontres, mon enseignement au Japon, au Rwanda, en France ou ici et là. Mais je suis encore plus fasciné par un mot qui fait l'unanimité dans les cultures, au théâtre, en musique, tout ce qui, finalement, se résume au mot *aimer*. Je ne vois pas de mot plus important que celui-là, et je ne vois pas de raison de vivre plus importante que celle d'aimer. Quand je dis *amour*, je veux dire amour au sens le plus fort du mot, le plus universel, le plus, disons, irréfutable.

Mais ce sentiment-là est universel, indépendamment de la foi ou non en Dieu. Car, dans tout cela, au moment où nous nous parlons, il n'est pas question de Dieu comme tel.

Oui. Parce que le mot *amour* est piégé, et le mot *Dieu* est piégé aussi. Presque tous nos mots sont piégés, d'ailleurs.

Alors il faudrait se taire?

C'est que nous sommes partis de l'opinion publique, qui, elle, discute de tous les mots, de tous les faits, de toutes les situations: tout est piégé. Alors il faut revenir à l'essentiel. Et l'essentiel, c'est le don de soi. Comme le disait très souvent le Christ, et c'est le Christ qui explique le mieux Dieu: «Si tu donnes un verre d'eau (je pense aux mères qui nous écoutent en préparant le repas), si tu donnes un verre d'eau en mon nom, en pensant à moi, tu me le donnes.» C'est ce que j'aime, cette correspondance entre le quotidien et l'Éternel, entre le visible et l'invisible, entre l'humanité et la divinité, entre le mot *amour* et le mot qui explose ou l'au-delà du mot.

Benoît Lacroix a toujours été près à la fois de l'évolution de la société québécoise et de l'évolution, bien sûr, de l'Église. Ici je vous cite, Benoît, sur un thème qui est encore fort discuté maintenant et qui a toujours été présent dans l'histoire du Québec : « Mais vrai comme j'te dis, et vrai comme de vrai, il existe déjà en Occident une nation nordique franco-canadienne, un peuple québécois, seul peuple français d'Amérique. »

Eh bien, oui. Je suis historien, je suis devant l'histoire. Je regarde ce qui se passe en Amérique du Nord comme un historien. Si j'arrive en observateur de l'Europe ou, je ne sais pas, de la Chine, je m'aperçois qu'il y a à l'intérieur de l'Amérique du Nord, je ne situe pas cela à partir du seul Canada, mais bien de l'Amérique du Nord, des îlots très forts : un îlot espagnol aux États-Unis, une îlot français en Amérique du Nord. Et l'îlot le plus fort, celui qui s'affirme le plus et publiquement, c'est celui qu'on pourrait appeler la nation canadienne-française ou le pays canadien-français. Les gens du Québec, eux, ont préféré dire « Nous sommes un pays ». Mais je crois que le Québec se présente déjà socialement comme un pays bâti. Il n'est pas nécessaire de le réclamer juridiquement, il est déjà là. Cependant, je ne vois pas ce pays en train de s'affirmer en oubliant les Irlandais, les Ukrainiens ou les autres qui s'en viennent. Je ne voudrais pas qu'on se fasse un pays qui empêche les autres d'y venir et de se sentir à l'aise chez nous. Je souhaiterais que nous soyons un peuple ouvert à différentes dimensions, mais mon point de vue n'est pas politique. Il est plutôt historique. Au point de vue politique, très simplement, mon père était un libéral pratiquant, ma mère était une conservatrice pratiquante – vous savez ce que cela veut dire –

ensuite ils étaient catholiques. Mais ces points de vue étaient
secondaires ; ceux que j'aime, moi, sont les points de vue
culturels. Il y a une culture française en Amérique et elle se
manifeste le plus qu'il lui est possible au Québec. Mais elle
pourrait s'exprimer en Acadie dans 50 ans comme elle le fait
au Québec aujourd'hui. C'est tout cela qu'il faut considérer.
Il ne faut pas refermer nos frontières sur des fondements
idéologiques qui ne sont que politiques. Moi, historien, c'est
la culture qui m'intéresse.

**Depuis plus de 40 ans, la discussion sur ces questions ouvre sur
des choix politiques pour le Québec, des choix encore à faire ou
déjà faits, mais qui sont toujours d'actualité. Vous ne vous êtes
pas prononcé clairement sur ces choix politiques. Alors je pose
la question directement : pour assurer la survie du peuple québécois, de cette nation nordique franco-canadienne, la souveraineté du Québec est-elle indispensable et nécessaire ?**

J'aimerais mieux répondre à cette question de façon indirecte :
c'est mon genre, paraît-il. J'ai été influencé à ce sujet par
Lionel Groulx, que j'ai bien connu. Je ne l'ai pas suivi dans
toutes ses démarches, mais il disait : « Le jour où la politique
s'emparera des francophones en Amérique du Nord, ils se
diviseront. » Ma peur est la même : que politiquement nous
ne puissions en arriver à nous montrer de façon ouverte
comme un pays, sur le plan social. Par ailleurs, je comprends
mes amis politisés lorsqu'ils me disent : « Il faut s'affirmer
d'abord dans la politique pour pouvoir ensuite se manifester
politiquement. » Cela nous permettrait d'avoir un mot à dire
aux Nations Unies, ce qui serait normal à mon avis, puisque,
en Amérique du Nord, nous avons quand même une opinion.
Cela me rend toujours mal à l'aise. J'ai de la difficulté avec la
politique.

**Mais les 192 pays qui ont un mot à dire aux Nations Unies sont
des pays souverains. Alors quand vous dites qu'il serait normal**

que nous y ayons un mot à dire, sans trop vouloir l'avouer, pour toutes sortes de raisons, on a l'impression que votre cœur et votre intelligence penchent dans ce sens-là.

Mes mots n'obéissent pas aux mêmes pensées que les vôtres. Ils obéissent à une pensée beaucoup plus englobante, plus historique, plus ancrée dans le devenir du Québec que dans la réalité politique. La politique divise les gens, les fige. J'ai vécu un événement, au temps de Mackenzie King, qui m'a beaucoup fait réfléchir. Monsieur King avait proposé la conscription et avait fait un référendum pour savoir si elle devait avoir lieu ou non. Quatre-vingt douze pour cent des francophones de tout le Canada avaient dit *non*, et cela, sans qu'il soit question de parti politique. Cela m'avait étonné. Il y a quelque chose de très beau qui est intrinsèque au monde francophone au Canada : au Québec, en Acadie et en Ontario du Nord. C'est cela, qui doit survivre. S'il faut qu'une partie du Canada – le Québec – se déclare pays souverain pour s'affirmer, que va devenir le reste ? Le problème est très vaste. Quoi qu'il en soit, il ne faut pas diviser les gens pour s'affirmer. Je ne peux pas accepter que la politique nous divise, au moment même où je voudrais qu'on soit ensemble. Peut-être est-ce que je rêve.

Vous avez parlé du chanoine Groulx… Il est très controversé. Depuis une dizaine d'années, quand on lit quelque chose sur l'abbé Groulx dans les journaux francophones ou anglophones, c'est toujours pour dénoncer son nationalisme très étroit et même, à l'occasion, son antisémitisme ou sa xénophobie. Pourtant, vous, vous dites de lui : « Le message du chanoine Groulx est si humain qu'il rejoint toutes les classes de la société canadienne-française. » Et vous avez qualifié son humanisme d'« ouvert », de « très généreux » et d'« illimité ».

Et c'est vrai! J'en suis certain. Je l'ai connu. Je l'ai connu personnellement : il n'est pas possible qu'il ait été raciste, il n'est pas possible qu'il ait eu quelque chose contre les Juifs en tant que groupe, parce qu'il disait toujours « ils sont nos modèles, en Amérique» et «nous sommes les Juifs d'Amérique du Nord, nous sommes la minorité». Ce qu'il reprochait aux Juifs, c'était simplement qu'ils aient la mainmise sur le commerce. J'entends les mêmes commentaires aujourd'hui, mais ils ne sont pas dits publiquement. C'était une réprobation concernant un secteur spécifique, celui de l'économie, car il souhaitait que les Canadiens français puissent devenir aussi prospères que les Juifs pour s'imposer sur la scène internationale. Et je me demande si, de ce point de vue économique, il n'avait pas raison. J'ai toujours été malheureux d'entendre parler de Groulx par des gens, même des amis, qui ne l'ont pas lu, n'ont pas lu ses lettres (en train d'être éditées) et qui ne l'ont pas connu, mais qui l'ont détesté avant même de vouloir le connaître. Il y a là une injustice sociale inimaginable; on devrait en fait élever un monument à Groulx. Il était un phénomène extraordinaire, à l'époque; un homme de grande culture et très ouvert. Bien sûr, il avait des amis nationalistes, et lui-même avait ces tendances – un peu, quelquefois – *Action française*. Mais c'est la vie d'un homme, ça! Il agissait sans jamais se cacher, il faisait tout ouvertement. Son nationalisme était ouvert, accueillant, prêt à discuter et rempli de culture. Moi, je suis prêt à accepter tous ces nationalistes-là, comme j'accepterais les fédéralistes, s'ils étaient capables eux aussi de discuter de cette manière.

Je sais, Benoît Lacroix, que ma dernière question pourrait alimenter au moins une autre heure de discussion. Quelle est votre opinion, à vous, sur la situation actuelle de l'Église du Québec?

Premièrement, le judaïsme, le christianisme, la synagogue et les Églises survivent toujours. Deuxièmement, les Églises, lorsqu'elles deviennent matériellement trop puissantes, se rendent elles-mêmes vulnérables. À ce moment-là, elles se font taper sur les doigts! C'est ce qui est arrivé au Québec, où dominait la puissance économique et surtout morale de l'Église, alors qu'elle se prononçait sur toutes les questions. Elle s'est piégée elle-même. Mais au moment où je dis cela, je sais très bien qu'il se passe beaucoup de choses. L'Église catholique ne sera plus majoritaire. Mais les minorités ont toujours été plus salvatrices que les majorités, et les Églises sont toujours plus fortes quand elles sont minoritaires que lorsqu'elles sont majoritaires. Et puis, l'opinion publique ne pourra jamais empêcher l'Église de dire son mot, et ça, c'est beau!

Je vous ai entendu à plusieurs reprises dire: «Il se passe beaucoup de choses.» En terminant, parlez-nous de quelques-unes de ces choses qui se passent et qui peuvent laisser croire à un renouvellement?

Quand je regarde simplement à Montréal, ici – l'Accueil Bonneau, la Maison du Père –, tout ce qui se fait pour les nécessiteux, toutes ces vieilles sœurs, parfois âgées de 80 ans, mais qui continuent à travailler, tous ces bénévoles qui se dévouent dans les hôpitaux et qui sont des croyants, des chrétiens, eh bien! je me dis que l'avenir est là où les pauvres sont, que l'avenir est là où il y a des dévouements anonymes. Je crois beaucoup à l'anonymat, à l'humilité et aux petits moyens, pour assurer la survie d'une Église.

2

ALEXANDRA PLESHOYANO
La découverte d'Etty Hillesum

L'amour pour l'être humain va tellement au-delà
de toute confession, de toute institution.

L'amour comme seule solution, *c'est le titre d'un livre
qu'Alexandra Pleshoyano a consacré à Etty Hillesum, une jeune
femme qui a péri au camp d'Auschwitz en novembre 1943.
Alexandra est théologienne, épouse et mère de quatre enfants.
Après avoir écrit un mémoire de maîtrise sur Etty Hillesum et
saint Jean de la Croix, elle décide de faire un doctorat sur Etty
Hillesum, mais va d'abord étudier le néerlandais à Louvain, en
Belgique. Elle effectue ensuite sa recherche, puis rédige et publie
sa thèse de doctorat sur Hillesum. Sans que ce soit un coup de
foudre, Alexandra s'intéresse donc à cette jeune juive qui avait
écrit un journal personnel et entretenu une riche correspondance.
Elle meurt à Auschwitz à l'âge de 29 ans. Mais voilà, Alexandra
s'est reconnue dans cette jeune femme impétueuse et narcissique
qui a réveillé ses fantômes. Mais Etty et Alexandra sont d'abord
et avant tout de grandes chercheuses mystiques.*

Émission diffusée le 25 septembre 2007.

Comment s'est passé la rencontre avec Etty Hillesum ?

C'est un très grand ami à moi, un prêtre, André Tardif, qui m'a fait lire en 1996 *Une vie bouleversée*, d'Etty Hillesum, traduit par Philippe Noble. Ce ne sont que des extraits de son journal, maintenant publié aux Éditions du Seuil, dans la collection Points. On n'a pas encore les écrits intégraux en français, mais on les a en anglais. J'ai lu ces quelques extraits, et en fait, je n'ai pas eu le coup de foudre pour Etty. Même qu'elle m'énervait un peu, parce qu'elle me faisait me remettre en question et qu'elle venait réveiller en moi des fantômes que je pensais bien morts et enterrés. Etty a l'art de venir vous déranger. Alors, souvent, si on n'aime pas Etty à la première lecture, on peut se poser des questions : ce fut mon cas.

À force de la fréquenter, j'ai commencé à m'attacher à elle, mais avec des embarras. Cela a été difficile parce que, je le répète, elle est venue réveiller en moi des choses que je ne voulais pas voir et que je ne voulais pas modifier. J'ai donc été obligée de travailler ces dimensions-là de mon être, et ce n'est pas du tout facile. Après ma maîtrise, j'ai décidé de partir en Europe pour apprendre sa langue, question de mieux la rencontrer dans son univers linguistique. Parce que, quand on lit un auteur dans sa langue, on rencontre une autre personne. C'est vraiment une autre Etty que j'ai rencontrée aux Pays-Bas. Je suis d'abord allée à Leuven, en Belgique, pour apprendre le néerlandais.

Vous dites que vous n'avez pas eu le coup de foudre, mais il faut tout de même une motivation puissante pour étudier le néerlandais afin de lire un auteur dans sa langue.

Oui. C'est difficilement compréhensible. C'était comme une passion, mais venue graduellement. Je suis donc partie à Leuven en 2002, pour un an. J'y ai appris le néerlandais, mais alors là intensivement : on parle de 18 heures par jour. J'en rêvais, c'était presque un cauchemar !

Quand vous m'avez dit qu'au début elle vous agaçait et qu'elle réveillait des fantômes en vous, qu'est-ce que vous vouliez dire?

Toute la dimension de moi-même que je ne veux pas voir : mon côté impulsif, égocentrique, narcissique. Elle venait réveiller tout ça. Ce qui nous dérange le plus souvent – mais pas toujours –, chez les autres, c'est ce qui est présent en nous mais que nous ne voulons pas voir. Alors là, elle en a brassé des choses en moi !

J'aimerais en savoir davantage là-dessus. Que signifie au juste le fait qu'un auteur «réveille des fantômes en soi»?

Moi, je n'ai pas du tout été élevée dans la religion. Je viens d'Outremont, on allait à la messe à Noël, comme ça, juste parce que c'était Noël. Le côté Nouvel Âge, ésotérique, ça me faisait peur ; j'avais peur de tout cela. J'avais des préjugés. Mais Etty nous oblige à entrer dans un monde étonnant. Je suis allée dans les dépôts d'archives, j'ai travaillé sur les textes spirituels. Je me suis alors aperçue que ses sources, ce ne sont pas seulement les Évangiles. Ce n'est pas l'Évangile de saint Jean tel qu'on le trouve dans l'Église catholique. On a tout un mélange, chez Etty : le taoïsme, le bouddhisme, le Coran, le Talmud et les Évangiles, on a les Confessions de saint Augustin et Maître Eckhart, comme elle le disait elle-même, «un mélange de toutes sortes de choses : il y a mille personnes enroulées en moi...»

Mais elle me semble d'abord être une jeune femme de 27 ans qui vient de terminer une maîtrise en droit, qui se demande un peu quoi faire, qui aura quelques hommes dans sa vie, dont son thérapeute, qui est psychanalyste.

Elle a rencontré Spier, Julius Spier, qui était, soit dit en passant, un collègue de Carl Gustav Jung, le célèbre psychanalyste. Il était imprégné de la pensée jungienne et, tel que je l'écris dans mon livre *L'amour comme seule solution*, je ne crois pas que l'on puisse connaître ou rencontrer le Dieu d'Etty Hillesum, le comprendre, si on ne comprend pas le Dieu de Jung. Mais ça, c'est autre chose. Je disais donc qu'elle a rencontré Spier le 3 février 1941 et que c'est probablement à sa suggestion, en guise de démarche thérapeutique, qu'elle a rédigé son journal. Le 8 février, elle écrit une lettre à Spier et elle commence officiellement son journal le 9 mars 1941.

Elle raconte sa vie, ses problèmes, ses interrogations à ce moment-là. C'est cela qui vous a intéressée?

Mais non! Il ne faut pas oublier tout le contexte de la guerre. On est en mars 1941, à Amsterdam, les mesures anti-juives sont déployées. On est dans le contexte tragique d'une guerre. Amsterdam est occupée. La reine et tout le gouvernement sont en exil à Londres. Il ne faut donc pas oublier ce contexte qui, évidemment, doit porter toute personne à s'interroger sur le plan d'une quête de sens : le sens de l'existence, le sens de sa vie. Au tout début de son journal, il est vrai qu'on voit en Etty une femme qui cherche un sens à sa vie, qui est confuse. Les 100 premières pages sont justement extrêmement centrées sur ses désirs, son attirance physique : elle a deux hommes dans sa vie. Mais après, on passe à un autre niveau de réflexion.

Je reviens à un moment antérieur, quand Etty Hillesum, âgée de 27 ans, commence à écrire son journal. Comme nous le disions, c'était une femme avec ses préoccupations, sa recherche d'une identité, qui avait des relations avec un certain nombre d'hommes, qui était en fait très bien entourée. Vous étiez vous-même à peine plus âgée qu'elle quand vous l'avez rencontrée. Est-ce que ces aspects-là du personnage vous ont rejointe également?

Absolument. Je pense que, particulièrement aujourd'hui, avec tout ce qu'on vit dans notre société, la recherche de l'identité est une question qui intéresse beaucoup de gens : « Qui suis-je?», «Et vous, qui dites-vous que je suis?» Chez Etty, cette question de l'identité est à l'avant-plan. Etty se cherche. Et Spier va la prendre par la main, va la mener, la guider. Elle le dit un peu au début: «Ah! J'aimerais que quelqu'un me prenne par la main et me dise comment...»

On se rappelle que Spier, c'était son psychothérapeute. Il était psychanalyste et avait 57 ou 58 ans, alors qu'Etty n'avait à ce moment-là que 27 ans...

Oui, il y a énormément d'ambiguïté dans le personnage de Spier. Amant d'Etty, il cherchait malgré tout à demeurer fidèle à sa fiancée. On est en période de guerre. Sa fiancée, Hertha, est à Londres. Etty veut l'aider à rester fidèle à Hertha, mais ils ont parfois des moments de passion physique ensemble. Et, en même temps, Etty vit avec un autre homme, qui a aussi 55 ans: les deux sont des hommes plus âgés qu'elle. Spier était un homme qui avait un charisme étonnant et qui attirait énormément les femmes, qui était très profond et avait une intelligence du cœur.

Spier lui a donc ouvert le chemin de la spiritualité, de l'intériorité?

Exactement, mais ce n'est pas par un journal, comme Etty, qu'il se livrait. Mais Etty en parle dans le sien: «Nous croyons en Dieu de la même manière, tout ce qu'il écrit, j'aurais pu l'écrire, chaque ligne qu'il écrit, j'aurais pu l'écrire.» Elle dit la même chose du poète Rainer Maria Rilke, qui est vraiment son autre amour, mais plus livresque. Etty était vraiment amoureuse de Julius Spier. Elle dit de lui qu'il est son premier amour, et il l'a menée à Dieu. À ce qu'elle appelait Dieu, en fait.

Et comment parle-t-elle de Dieu justement?

Elle a découvert Dieu en elle-même. Spier l'a initiée à l'écoute intérieure. Il lui a appris à prier, à s'agenouiller, alors que ce geste n'est vraiment pas juif. Les Juifs ne connaissent pas cette posture, qui est propre aux chrétiens. Etty s'agenouillait, surtout dans la salle de bain : c'est l'endroit où elle priait le plus, apparemment. Est-ce qu'on peut parler d'une Présence? C'est très difficile, parce qu'elle appelle Dieu la meilleure partie d'elle-même. Aussi, tout ce qu'on peut dire du Dieu d'Etty, c'est qu'il est Amour. Mais on ne peut pas affirmer qu'il y a altérité, concernant le Dieu d'Etty, un Dieu Tout Autre. Comme je l'ai dit tout à l'heure, c'était une femme ouverte à tout. Parfois, elle dit qu'elle prie comme un petit Bouddha. Elle s'est intéressée au taoïsme par Jung et par Wilhelm. En même temps, elle lit *Les Confessions* de saint Augustin et Maître Eckhart, qui est plus mystique.

Etty Hillesum n'a pas été à proprement parler arrêtée. Comment est-elle arrivée à Auschwitz?

En juillet 1942, elle était secrétaire au Conseil juif d'Amsterdam. Elle a elle-même demandé à aller travailler au camp de Westerbork pour partager le sort de son peuple. De Westerbork, elle a ensuite été déportée à Auschwitz, mais cette déportation est un malentendu. Sa mère, qui était aussi de tempérament un peu hystérique, comme Etty, a envoyé une lettre au commandant des SS pour se plaindre de certains manques. Elle aurait aimé que son fils bénéficie d'une faveur. Furieux qu'une Juive lui demande quelque chose, le commandant a envoyé l'ordre au directeur du camp de Westerbork de déporter toute la famille Hillesum. Celui-ci a interprété « toute la famille » en incluant Etty, alors qu'elle avait le statut de travailleuse, et non pas de détenue : elle travaillait pour le Conseil juif. Cela s'est fait le matin même. Elle l'a appris comme ça, d'un coup, tu montes dans le train de mardi, onze heures. C'était toujours les trains du « mardi, onze heures » qui partaient vers Auschwitz. Et on savait que les gens qui le prenaient n'en revenaient pas. C'était le 7 septembre 1943.

Et elle écrivait toujours son journal?

Justement, ça c'est quelque chose qu'il ne faut pas oublier. La dernière entrée que l'on a aux archives du Musée historique juif d'Amsterdam est datée du 13 octobre 1942, alors qu'Etty Hillesum a bel et bien écrit jusqu'au 7 septembre 1943, jour de sa déportation à Auschwitz. On parle de 11 mois d'écrits qui sont partis avec elle à Auschwitz et qui sont détruits. On a une seule trace de son journal écrit entre le 13 octobre 1942 et le 6 septembre 1943.

Vous voulez bien lire cette page écrite le 18 août 1943, donc 20 jours avant son départ pour Auschwitz?

« Tu m'as tant enrichie, mon Dieu, permets-moi aussi de partager à pleines mains. Ma vie s'est transformée en un dialogue ininterrompu avec Toi, mon Dieu. Un grand dialogue. Lorsque je me tiens dans un coin du camp, mes pieds plantés sur ta terre, mon visage tourné vers ton ciel, alors il coule parfois des larmes sur mon visage, qui naissent de mon émotion et de ma gratitude intérieure cherchant une manière de s'exprimer. Le soir aussi, lorsque, couchée dans mon lit, je me repose en Toi, mon Dieu, parfois coulent des larmes de gratitude sur mon visage et c'est ma prière. Je suis vraiment très fatiguée, depuis quelques jours, mais cela passera bien. Tout se passe selon un rythme profond et propre à chacun, et on doit apprendre aux gens à se mettre à l'écoute de ce rythme : c'est ce qu'il y a de plus important à apprendre, pour un être humain, en cette vie. Je ne lutte pas avec Toi, mon Dieu, ma vie est un grand dialogue avec Toi. Peut-être ne deviendrai-je jamais la grande artiste que je souhaite vraiment être, mais je suis si bien cachée en Toi, mon Dieu. » Il est intéressant de souligner ici que le vrai nom d'Etty, c'était Esther. Et Esther, dans la Bible, signifie « la cachée »... « Je suis si bien cachée en Toi, mon Dieu. »

« Je suis si bien cachée en Toi, mon Dieu. » Ce sont les derniers mots que nous avons du journal d'Etty Hillesum, écrits 20 jours avant qu'elle ne soit embarquée pour Auschwitz. Elle vivait une situation tragique. Et elle savait ce qui se passait. Comment expliquez-vous cette sérénité quand elle parle de la gratitude qu'elle a face à Dieu ? Au fond, Etty intrigue à cause de cette foi qu'elle vit, indépendamment de l'horreur autour d'elle, de l'extermination des Juifs, et de celle des siens.

C'est bouleversant, ça dérange, ça impressionne, ça questionne : je crois que je ne cesserai jamais de me questionner. Tant et aussi longtemps qu'on n'est pas dans une situation aussi bouleversante, on n'a aucune idée de la façon dont on réagirait. Etty nous marque. Certaines personnes disent qu'elle était inhumaine, qu'elle vivait dans un rêve, qu'elle s'évadait. Mais à chacun son interprétation ! D'autres disent qu'elle avait une attitude mystique. Mais attention, j'entends ici par mystique une personne qui persiste à avancer parce que sa soif n'est jamais assouvie. Je ne parle pas de visions ou autres manifestations plus ou moins surnaturelles. En ce sens-là, oui, je perçois chez Etty une grande marcheuse, une marcheuse vers l'Éternel, qui s'abandonnait « dans les bras de Dieu », disait-elle, et qui acceptait de se laisser conduire par Dieu : « Là où tu veux me placer, mon Dieu, j'irai. » Elle dit même aussi : « Que ta volonté soit faite, et non la mienne. » Elle reprend beaucoup de passages, particulièrement dans l'Évangile de Matthieu, et elle les écrit dans son journal : « à chaque jour suffit sa peine », « pourquoi t'inquiéter du lendemain ». Elle parle aussi des *lys des champs*…

On parle d'Etty Hillesum… Il faut rappeler que, même si elle cite l'Évangile, parfois aussi les épîtres, et particulièrement le chapitre 13 de l'Épître aux Corinthiens de saint Paul, sur l'amour, et même si elle a lu saint Augustin, elle n'est pas une chrétienne. Elle est vraiment une juive qui est toujours restée fidèle à son judaïsme.

Absolument. Etty est née juive et est morte juive. Mais pour ce qui est de sa spiritualité, c'est autre chose… Elle s'est attachée à des phrases de l'Évangile, mais elle n'a jamais professé sa foi en Jésus-Christ. Jamais.

Quand on fréquente pendant une dizaine d'années une femme comme celle-là, j'imagine que ce n'est pas uniquement pour des raisons scolaires ou intellectuelles. Ce contact a-t-il modifié votre foi? Comment cela a-t-il pu vous éclairer, vous faire mieux comprendre ce que peut être l'expérience spirituelle ou l'expérience de Dieu?

Je trouve que le mot «éclairer», que vous utilisez, est bien choisi. Je pense que oui, Etty m'a amenée – et c'est douloureux – à me regarder en pleine lumière. Quand on se regarde dans un miroir en plein jour, on voit très bien ses défauts et ce n'est pas toujours agréable. Etty m'a peut-être aussi aidée à enraciner encore plus profondément ma foi et, en même temps, ce qui peut sembler étrange, à m'ouvrir à la différence, à accueillir la différence encore plus qu'avant, parce que les préjugés sont souvent le fruit de l'ignorance. C'est parce qu'on ne connaît pas quelque chose qu'on en a peur et qu'on le rejette. Je pense donc qu'Etty m'a permis d'être plus ouverte, humainement parlant, et m'a communiqué son amour pour l'être humain. L'amour pour l'être humain va tellement au-delà de toute confession, de toute institution. En même temps, je reviens à ma foi personnelle, car c'est aussi venu me confirmer dans ma foi chrétienne. Etty m'a aidée à me poser comme théologienne et en même temps à m'intéresser énormément au dialogue interreligieux.

À mon tour de citer Etty: «Il faudra bien que quelqu'un puisse survivre, pour témoigner plus tard que Dieu était vivant, même à cette époque. Et pourquoi ne serais-je pas ce témoin?»

Etty était peut-être prophète à son insu. Je vous explique pourquoi. Etty ne pensait pas mourir. Elle pensait survivre. De là la phrase que vous venez de lire : « Et pourquoi ne serais-je pas ce témoin ? » Etty ne voulait pas et ne pensait pas mourir.

Elle aura survécu pour témoigner par l'entremise de son journal. Mais elle était bien consciente que beaucoup de Juifs périssaient dans les camps.

Elle savait même qu'ils étaient gazés. Elle savait tout cela, mais étant donné son statut privilégié comme membre du Conseil juif, elle espérait d'abord pouvoir protéger sa famille en restant à Westerbork, mais aussi survivre. Etty n'avait pas du tout l'impression qu'elle mourrait. Au contraire, elle voulait être témoin de temps nouveaux, ce qu'en anglais on appelle *a new age*. Ces temps nouveaux, pour Etty, c'était là où l'amour l'emporterait sur la haine. Elle avait vraiment ce désir de participer à construire, à bâtir ces temps nouveaux. Puis elle avait été prophète à son insu en ce sens que, quand elle écrit « Pourquoi ne serais-je pas ce témoin ? », effectivement, 50 ans plus tard, ses écrits connaissent un succès incroyable. Depuis 1981, ils sont traduits dans plus de 18 langues et publiés dans le monde entier. Et il y a des centres Etty Hillesum un peu partout, dont celui de Gand, en Belgique, dont je suis membre. C'est vraiment un gros courant d'intérêt, et je crois que quand ses écrits vont être traduits en français, ça va faire beaucoup, beaucoup de bruit.

Alexandra, nous avons surtout parlé de la spiritualité d'Etty, de son intériorité, de sa relation personnelle avec Dieu, mais il y a peut-être d'autres aspects d'Etty que vous aimeriez nous faire connaître.

Oui. Son intérêt pour la condition de la femme, par exemple. Etty était plutôt avant-gardiste pour son époque, par son attitude, par ses propos. Considérant qu'il fallait que la femme se libère des traditions séculaires, elle disait : « La tradition dit qu'on doit se marier, mais je n'ai pas envie de me marier… » Elle disait encore : « Il faut que les femmes se réveillent, il faut qu'on arrête de vouloir toujours plaire à un homme. Pourquoi est-ce qu'il faut toujours avoir ce but ultime?» Et en même temps, elle était très jolie, très féminine. Ce n'était pas parce qu'elle tenait un discours comme celui-là qu'il lui fallait s'habiller en garçon et changer son apparence. Mais elle avait la préoccupation d'aider les femmes. Elle a soulevé beaucoup de questions concernant les femmes. Les féministes manifestent d'ailleurs beaucoup d'intérêt pour Etty Hillesum, surtout aux Pays-Bas. À presque toutes les conférences où je suis allée, il y avait des membres de groupes féministes qui posaient des questions fort intéressantes, pertinentes pour notre temps, notre époque. Et comme je le disais tout à l'heure, elle a été très influencée par Rainer Maria Rilke, particulièrement par ses *Lettres à un jeune poète*. Une citation de ce livre est vraiment magnifique, et Etty l'a recopiée dans son journal. Si vous voulez, je pourrais la citer…

Oui, oui, certainement…

Je la cite. Elle l'a copiée dans son journal le 20 février 1942. «Et peut-être les sexes sont-ils plus proches qu'on ne le pense; la grande innovation mondiale consistera sans doute en ce que l'homme et la femme, affranchis de tous les sentiments erronés et de toutes les répugnances, ne se chercheront plus *comme des contraires s'attirent*, mais comme des frères et des sœurs, des voisins qui s'uniront comme des êtres humains pour simplement, gravement et patiemment assumer en commun cette sexualité difficile qui leur échoit.»

Est-ce qu'on peut projeter le sens de cette situation dans le contexte des relations entre les religions? Est-ce qu'il n'y a pas, chez Etty Hillesum, quelque chose qui pourrait être utile pour aborder la dynamique interreligieuse ou multiculturelle?

Il y a plusieurs situations où Etty dit qu'il n'y a plus de frontières entre les êtres humains. Elle était pour le dialogue interreligieux. Ses écrits sont tout à fait appropriés pour le dialogue interreligieux et, disons-le à la blague, si elle était vivante, on pourrait la nommer directrice du programme Éthique et culture religieuses, qui en fait suer plus d'un, chez les enseignants. Parce qu'Etty avait justement cet intérêt multiculturel du pluralisme religieux. C'est tout à fait Etty Hillesum, le pluralisme religieux! Aider Dieu est quelque chose de très important chez Etty...

Aider Dieu plutôt que de demander l'aide de Dieu? Que voulait-elle dire par là?

L'expression surprend en effet, surtout à une époque de guerre où n'importe qui aurait plutôt demandé d'être aidé! Il y a une dimension anthropologique derrière cela: chaque être humain est créé à l'image de Dieu. Cette image est enfouie au fond de chaque être humain! Etty doit essayer de trouver l'image de Dieu, mais comme il est trop difficile d'aimer son prochain – particulièrement le SS, l'ennemi –, elle se dit: «Tiens, je vais prendre pour principe d'aider Dieu, d'aider l'image de Dieu dans mon prochain...» Et c'est ainsi qu'elle écrit: «en même temps, je vais aider les autres». C'est très intelligent, et c'est rusé. Elle s'est dit: «Mon prochain n'est pas aimable, mais pour le rendre aimable, eh bien, je vais aider Dieu en lui, Dieu en elle...» C'est le principe!

J'avoue que j'ai du mal à saisir comment cela pourrait s'appliquer dans mon cas, dans mes relations avec les gens... Comment aider Dieu dans mon prochain? Ce ne serait pas «voir Dieu dans le prochain», comme on dit parfois?

Jean Vanier a écrit un livre qui dit «Tout être humain est une histoire sacrée», toute personne est une histoire sacrée. C'est cela, le respect; c'est cela, l'amour! Ce n'est pas parce qu'il est sympathique. L'amour c'est: «Chaque personne est une histoire sacrée.» Si vraiment on croit que chaque personne «est une histoire sacrée», alors on va l'aider. Tel est le principe. Si on ne veut pas employer l'idée anthropologique de «créé à l'image de Dieu», qui pour certains ne veut plus rien dire, eh bien, on pourrait dire: «Chaque personne est unique et sacrée…»

Et c'est là, la solution?

L'amour comme seule solution!

3

YVON POMERLEAU
Négocier avec Dieu

Où es-tu Dieu dans tout ça ? Et si tu es encore là, montre-toi, manifeste-toi.

Le contexte dans lequel ont surgi les interrogations d'Yvon Pomerleau était tragique. Le génocide rwandais est un drame horrible. Yvon est le prieur provincial des Dominicains du Canada, autrement dit le supérieur des quelque 200 religieux dont les deux châteaux forts au Canada sont le Collège universitaire dominicain, à Ottawa, et le monastère Saint-Albert-le-Grand de la côte Sainte-Catherine, à Montréal. Yvon Pomerleau a pendant 10 ans occupé des fonctions importantes dans l'administration mondiale de l'Ordre de saint Dominique, fondé en 1215, et qui compte encore 6 000 hommes et de multiples branches féminines regroupant plus de 30 000 femmes, sans compter les milliers de laïcs associés. Mais le cœur de l'engagement passionné de ce Québécois venant de la région des Bois-Francs, c'est le Rwanda, où il a passé plus de 25 ans de sa vie et qu'il visite encore aussi souvent qu'il le peut. Les oiseaux, les Rois mages et les bandes dessinées font aussi partie de sa vie, mais ne lui ont pas épargné un questionnement douloureux sur le mystère de la souffrance permise par un Dieu d'Amour.

Émission diffusée le 25 octobre 2007.

Votre parcours, Yvon Pomerleau, témoigne du fait que vous avez exercé des responsabilités très importantes, parfois dans des circonstances tragiques. Mais j'ose commencer cet entretien en vous faisant parler de vos trois passe-temps : les oiseaux, les Rois mages et les bandes dessinées qui portent sur l'Afrique noire. Vous avez répertorié plus de mille bandes dessinées, je crois.

Oui, le nombre est assez juste. Une bonne partie de ces bandes dessinées sont des productions européennes – belges ou françaises. Il n'y a probablement qu'un tiers de la collection qui est produit en Afrique même, dans différents pays.

Dire que je ne connais que *Tintin au Congo*…

Cet album a été le point de départ de ma collection. Je me demandais si on avait beaucoup écrit sur l'Afrique noire. Je pensais alors qu'avec une bonne dizaine d'albums, j'aurais fait le tour, mais la collection continue toujours de s'enrichir. Cela correspond à une période de ma vie qui est celle du séjour en Afrique. Juste pour le mentionner, on y reviendra peut-être plus tard, ma dernière passion, mon dernier hobby, est lié aux Rois mages. Là aussi, cela entraîne toute une collection de représentations des Rois mages : des cartes, des reproductions d'art, des statuettes, des textes, aussi bien scientifiques que bibliques ou légendaires. Mais ma première passion fut les oiseaux. Alors voilà pour mes hobbies… Et les *petits* oiseaux. Ils m'ont tellement passionné qu'on m'appelait « Pomerleau les bibittes » !

Alors commençons par parler de votre premier hobby.

Je dirais que mon premier hobby, celui qui correspond à mes années de collège et à mes premières années de vie dominicaine, qui sont des périodes assez tranquilles de ma vie, c'est un hobby lié à la nature. J'étais bon étudiant au collège, sans trop de difficultés scolaires. Quand j'étais jeune, j'avais plaisir à me retrouver à la campagne : mes parents y avaient un chalet. Chez les Dominicains, on avait aussi un camp de vacances, sur le bord de la rivière des Outaouais. Pouvoir observer les fleurs, les oiseaux, les étoiles dans la nuit, je pense que cela répondait à un besoin chez moi. J'y trouvais un lieu où je pouvais m'épanouir. Je devrais dire que cela a correspondu à une certaine image de Dieu, un Dieu bon et grand que je pouvais rejoindre par la louange, l'admiration. Donc, des années assez semblables à celles que plusieurs personnes de ma génération des années 1940 à 1960 ont vécu.

Et puis cet intérêt pour les bandes dessinées, notamment africaines ?

Oui, c'est vraiment « africaines ». Je m'intéressais beaucoup à l'image, à l'art par l'image. Mais quand je suis arrivé en Afrique, une des questions qui m'habitaient, c'était l'image du Noir. Je fréquentais quotidiennement des frères, des amis, des voisins africains, et je prenais conscience de l'image du Noir qu'on porte en Occident et de l'image avec laquelle moi-même j'étais arrivé en Afrique. La bande dessinée m'a paru un médium intéressant parce qu'elle nous rejoint par l'enfance que nous avons vécue. C'est le premier livre que plusieurs d'entre nous avons eu entre les mains, une bande dessinée, et j'avais justement en mémoire *Tintin au Congo*. Je me demandais si c'était là l'image que la plupart des Européens et des Américains avaient de l'Afrique. Alors, j'ai commencé à explorer ce champ, pour découvrir qu'il était très vaste. La bande dessinée sur l'Afrique noire ou produite en Afrique noire existe jusqu'à nos jours. Ma collection compte plus d'un millier d'images, d'albums...

Et les Rois mages… Vous êtes un passionné de l'iconographie des Rois mages, des artéfacts et de la littérature qu'ils ont inspirés.

D'un hobby à l'autre, il y a une continuité. Je me suis intéressé à la bande dessinée en lien avec l'image du Noir. Voulant élargir mon champ d'exploration, je suis passé de la bande dessinée à l'art et, dans l'art européen, qui a été en grande partie pendant des siècles un art chrétien, le premier Noir que l'on voit apparaître, c'est Balthazar, un des trois Rois mages. Alors j'ai commencé à explorer ce domaine de l'art, en particulier l'époque de la Renaissance, pour y repérer le Noir. Puis mon intérêt s'est élargi aux trois mages et au thème de l'Adoration des Mages dans l'art et la littérature, ainsi que dans la vie chrétienne. Cela correspondait peut-être aussi à une étape de ma vie, celle du moment où je quittais l'Afrique pour rejoindre Rome, où on me donnait le vaste monde comme paroisse. Il me semble qu'il y avait là quelque lien avec les Mages.

Une des grandes continuités de votre vie a été l'Afrique. Vous avez vécu 25 ans au Rwanda, de 1968 jusqu'en 1994. C'est une longue histoire d'amour…

Je dirais que l'Afrique est présente dans ma vie non pas simplement pour les 25 ans que j'y ai passés, mais peut-être pour 50 ans. J'ai rêvé de l'Afrique durant plusieurs années avant d'y arriver, et je dirais que l'Afrique est encore très présente aujourd'hui, non seulement dans mes pensées, mais dans mes engagements. Quand j'étais au collège, nous devions terminer nos études par la prise de ruban et dire le choix que nous faisions pour la vie. Je pense que j'ai assez vite opté pour la vie religieuse, mais j'hésitais entre différentes congrégations. Les Jésuites m'ont attiré surtout pour les études qu'on y faisait. Je me plaisais beaucoup plus dans les études que dans le sport, durant mes années de collège, et je voyais les Jésuites comme des intellectuels qui étudiaient pendant de longues années. Les Pères Blancs étaient aussi pour moi une congrégation attirante par leur mission en Afrique. Cela m'apparaissait peut-être comme le secteur le plus engageant pour la mission, comme le continent le plus «autre», le plus étranger.

Les Dominicains, finalement, c'était comme la synthèse des deux, parce que les Dominicains, ce sont des Pères Blancs, d'une certaine façon, mais qui en plus conservent la vocation intellectuelle.

Les Dominicains m'attiraient par la dimension un peu monastique de leur vie, de la vie liturgique, de la vie commune, que je retrouvais plus que dans les autres congrégations. Je suis entré au noviciat des Dominicains en 1960 et, pendant mon année de noviciat, les Dominicains du Canada ont ouvert une mission au Rwanda. Alors je me suis dit: ça y est! Je réconciliais mes trois aspirations: me tourner vers l'Afrique, continuer d'étudier, et tout cela dans le cadre de la vie dominicaine. Cela veut dire que, dès mon noviciat et pendant toutes mes années d'études de philosophie et de théologie, j'ai pensé à l'Afrique, j'ai pensé au Rwanda, ce que j'ai fait savoir à mes supérieurs. J'ai pris contact par courrier avec les frères canadiens qui étaient là-bas, ainsi qu'avec les frères africains, de telle sorte qu'à la fin de mes études, la question de l'assignation dont j'allais hériter ne se posait même pas, ni pour moi, ni pour mes confrères, ni pour mes supérieurs. Il était clair que je partirais pour l'Afrique, il ne restait plus qu'à fixer le moment du départ. C'est donc en 1968 que je suis parti pour l'Afrique, après avoir terminé mes études de théologie à Ottawa, mais comme diacre, sans avoir été ordonné prêtre. C'était une option personnelle, liée, je pense, à une certaine analyse théologique. Je me disais: ce sont mes confrères dominicains, la communauté dominicaine et puis, derrière eux, mes professeurs de collège, mes parents, mes amis qui m'envoient en mission : alors célébrons un départ missionnaire. Mais je ne serai pas ordonné prêtre pour mes parents, mes amis, les gens d'ici. Je souhaitais être ordonné prêtre au Rwanda, après avoir vécu une certaine insertion dans le milieu.

À ce moment-là, les Dominicains étaient particulièrement engagés dans l'université de Butare, avec le père Georges-Henri Lévesque. C'est la même époque ?

En effet, l'implication des Dominicains au Rwanda est surtout connue ici par le père Lévesque et la création de l'Université nationale du Rwanda. Mais l'histoire est un petit peu plus longue : elle déborde leur présence à l'université. Les Dominicains sont arrivés en 1960 au Rwanda, et l'Université nationale du Rwanda a été fondée en 1963. Son ouverture officielle a eu lieu en novembre 1963 et, dans la première équipe, parmi les frères qui étaient partis, aucun ne portait le projet d'une université. Ils avaient plutôt des engagements pastoraux et avaient été invités par l'évêque, Mgr Perraudin, un missionnaire Père Blanc suisse, pour l'apostolat auprès des intellectuels. Cela coïncidait avec l'avènement de l'indépendance du Rwanda, en 1962. Une nouvelle élite émergeait, et on souhaitait la présence d'une Église dans le monde étudiant et dans le monde du clergé, par la formation et, plus tard, par le projet de l'université.

Mais vous, Yvon Pomerleau, qu'avez-vous fait là-bas ? Dans quel secteur d'activités vous étiez-vous engagé ?

Arrivé en 1968, j'ai pu bénéficier de deux ans « dans la brousse », dans les collines, dans les paroisses rurales. Deux ans pour apprendre la langue, découvrir la culture et m'initier à la façon de vivre en Église au Rwanda. Après ces deux ans, un projet avait émergé à l'Université nationale, celui d'avoir un Centre de réflexion culture et foi, un centre où les questions d'inculturation du christianisme pourraient être abordées dans un contexte universitaire. Les Dominicains avaient des ressources, côté théologique et philosophique, mais souhaitaient aussi pour ce projet des expertises en sociologie et en psychologie. J'ai alors accepté de faire des études en sociologie. Pendant trois ans, je suis revenu ici, au Québec, à l'Université Laval, où j'ai obtenu une maîtrise dans ce domaine. De retour au Rwanda, les Dominicains avaient quitté l'Université nationale : le projet, qui était à l'origine un contrat de 50 ans renouvelable, avait été modifié. La plupart des confrères avaient quitté le pays pour revenir ici, au Canada, ou en Suisse.

Et vous, vous êtes retourné au Rwanda après vos études de sociologie?

Quand je suis retourné au Rwanda, nous n'étions plus que trois dominicains. Nous nous sommes retrouvés à Kigali, la capitale, dans un quartier populaire à majorité musulmane. Mon engagement comme celui de mes confrères a donc été à la fois social et pastoral, compte tenu de la formation que j'avais acquise ici, au Canada, pendant une quinzaine d'années, sinon plus, j'ai travaillé dans le domaine du développement surtout associatif : projets de caisses populaires, de coopératives d'épargne et de crédit, projets de centres de formation et de recherche coopératives. L'engagement pour le développement a donc été une des notes dominantes de mon séjour au Rwanda.

On ne peut bien sûr pas parler du Rwanda sans aborder le drame épouvantable qui s'y est produit en 1994. Au fil de vos engagements, aviez-vous commencé à percevoir qu'un drame sans nom se préparait?

Mon engagement au Rwanda s'était exercé dans le domaine du développement pendant plusieurs années, mais il s'effectuait aussi sur le plan ecclésial. Je pense que cette précision peut aider à expliquer comment j'ai pu vivre le drame du Rwanda et me situer par rapport à ces événements. Sur le plan ecclésial, j'ai été très impliqué auprès des communautés religieuses. À un certain moment, j'ai été président de la Conférence des religieux du Rwanda, et cela a coïncidé avec les périodes les plus difficiles pour le pays. J'ai fait partie de différentes commissions de la Conférence épiscopale du Rwanda. Il y a donc trois lieux dans lesquels j'ai vécu le drame du Rwanda : le réseau de relations très proches, les amis, les copains, les voisins ; le milieu du travail dans le développement associatif ; puis l'univers ecclésial et pastoral. J'ai vécu le drame très fortement, bien que je n'aie pas été là au pire du génocide, ayant quitté le Rwanda quelques jours avant l'écrasement de l'avion présidentiel en avril 1994. Comme j'allais célébrer, dans les semaines qui devaient suivre, mes 25 ans d'ordination sacerdotale, pour la circonstance, j'étais allé rejoindre un confrère dominicain au Congo Brazzaville. J'étais donc parti pour une semaine au Congo Brazza, théoriquement en vacances. Cependant, j'y ai vécu les années très pénibles de 1990 jusqu'au début du génocide. Bien sûr, on a vu venir certaines choses, mais honnêtement, je ne pensais pas, comme beaucoup d'autres, que le drame pourrait prendre cette envergure. On a vu venir les choses parce que la tension montait de plus en plus... Avec le début de la guerre, avec la venue du Front patriotique rwandais, depuis la frontière de l'Ouganda, en octobre 1990, il y a eu des mouvements, des déplacements de population dans le pays. Alors les gens de la frontière, se déplaçant au rythme des attaques, se retrouvaient dans des camps de millions de réfugiés, avec tout ce que cela entraînait de misère matérielle et de frustrations.

Les gens qui étaient déplacés à ce moment-là étaient des Hutus?
En grande partie, oui.

Déplacés surtout par l'entrée du FPR, le Front patriotique rwandais?

Des forces patriotiques venant de l'Ouganda, oui… D'un autre côté, dans les médias, différentes interventions politiques et certains discours montraient du doigt la source des malheurs du Rwanda, c'était l'autre ethnie. Pendant quelques années, plusieurs années même, il y a donc eu ces mouvements, je dirais, concertés qui préparaient un terrain propice au drame qui est survenu. Mais je pense que, personnellement, je n'ai jamais cru que cela aurait pu tourner en un événement aussi tragique qu'un génocide.

La crise a commencé à s'intensifier autour de 1990. Est-ce que vous poursuiviez vos activités normalement? Qu'est-ce que vous faisiez, à ce moment-là, et comment tout cela se profilait-il dans vos relations avec vos proches? Parce que j'imagine que même chez les Dominicains, il pouvait y avoir à la fois des Hutus et des Tutsis?

J'ai mentionné plus tôt mes différents lieux d'insertion dans la société rwandaise. Je pense que dans tous les lieux que je fréquentais, il y avait des Rwandais des deux groupes ethniques. Qu'il s'agisse de mon réseau de relations personnelles, des amis et des proches, qu'il s'agisse du milieu de travail, entre autres le Centre de formation et de recherche coopératives, qu'il s'agisse de la communauté dominicaine, aussi bien au Rwanda qu'au Burundi, il y avait à la fois des Hutus et des Tutsis, et c'est sans doute quelque chose qui a rendu le drame encore plus difficile à vivre. Cela créait un écartèlement qui pouvait vraiment déchirer, dans la mesure où les uns étaient plus touchés que les autres, d'une manière ou d'une autre. Mais la vie a continué pendant toutes ces années, sur le plan du travail comme sur celui de la vie ecclésiale et de la vie commune, avec à l'occasion des interventions pour attirer l'attention sur ce qui allait se passer. Je pense ici à la Conférence des religieux, qui a parfois pris la parole, à l'occasion d'un congrès, à la radio, dans un colloque…

Croyez-vous que l'Église aurait pu jouer un rôle préventif concernant ce qui s'est passé? Est-ce que vous pensez qu'un type d'action aurait pu diminuer les tensions, ou était-on placé devant une fatalité de l'histoire?

Le drame du génocide rwandais pose la question de l'évangélisation. Le Rwanda est un des pays les plus christianisés, les plus catholiques d'Afrique. Les victimes du génocide étaient donc en très grande partie des catholiques, mais les génocidaires, ceux qui ont procédé au génocide, l'étaient aussi. Alors, quel était le rôle et quelle a été la faute de l'Église? Je pense qu'il faut voir l'évangélisation du Rwanda dans le contexte très large de l'Église du siècle dernier. Je suis tenté de dire que, quels que soient les pays, les milieux, il y a toujours des zones fortes d'évangélisation et des zones faibles. Au Rwanda, il y a peut-être eu l'évangélisation de certains aspects de la vie, mais pas des autres. On pourrait se demander, dans nos milieux, si tous les aspects de la vie humaine sont touchés par l'évangélisation. Est-ce que les mondes de l'économie, de la politique sont évangélisés? Et est-ce que ce ne sont pas tous de bons chrétiens qui vont à la messe, qui ont une morale individuelle à l'abri de tout soupçon, mais qui ne verront pas de lien entre l'économie, la politique et l'Évangile? Je pense qu'il y a eu quelque chose de cela au Rwanda. Les faits ont montré que la relation à l'autre, la relation ethnique, la dimension ethnique des relations, n'avait pas été associée à l'Évangile, et qu'au moment d'une tension, l'Évangile n'avait rien à dire, que la réaction n'était pas celle de chrétiens touchés par l'Évangile. Je ne dirais donc pas que l'évangélisation a été un échec pur et simple, mais que l'Évangile n'avait pas réussi à s'infiltrer dans toutes les dimensions de la vie, entre autres cette dimension fondamentale des relations humaines, dans le contexte du Rwanda, qu'est la cohabitation de deux ethnies.

Vous avez quitté le Rwanda après le génocide, mais vous y êtes encore attaché et vous y retournez fréquemment. Presque 15 ans après ces événements tragiques, croyez-vous que l'on puisse bâtir une société solidaire et pacifique au Rwanda?

Mes liens avec le Rwanda, pour l'instant, sont de deux ordres : celui des amitiés, qui se poursuivent, se maintiennent soit par correspondance, soit par des visites, puis celui de la communauté dominicaine. La présence dominicaine au Rwanda et au Burundi est liée à la «province canadienne». Comme prieur provincial des Dominicains du Canada, j'ai donc une certaine responsabilité vis-à-vis du vicariat du Rwanda et du Burundi. J'y retourne donc pratiquement chaque année. C'est par ces deux moyens que je vois l'évolution du pays. Pour le moment, il y a au Rwanda, du moins dans les villes, un développement qui saute aux yeux : Kigali est devenue une grande ville, les bâtiments modernes s'y sont multipliés, les routes sont en très bon état et il y a, il faut le reconnaître, une certaine sécurité ambiante dans le pays. Les gens arrivent à vivre et à travailler ensemble. Qu'en est-il dans le fond des cœurs des gens? Est-ce que les plaies sont guéries? Ce serait beaucoup demander, quand on sait la profondeur des blessures portées par plusieurs, pour ne pas dire tous les Rwandais. Sur le plan ecclésial, l'Église est encore très présente, les églises sont remplies. Elle s'est engagée dans un processus de réconciliation de la population, mais c'est une démarche très longue à accomplir.

Au début, Yvon, on parlait de vos loisirs, des oiseaux, de la nature, des bandes dessinées, des Rois mages. Mais vous avez été plongé au cœur d'un grand drame contemporain. La Shoah a provoqué chez beaucoup de juifs ainsi que chez des philosophes et des écrivains des interrogations profondes, non seulement sur l'existence de Dieu, mais sur sa nature. Alors pour

vous-même, qui étiez déjà un dominicain engagé, croyant, ce génocide a-t-il provoqué des interrogations durables sur l'existence de Dieu, sur sa bonté, sa miséricorde?

Mon idée de Dieu a beaucoup évolué au fil des années, à travers les provocations des événements. Je disais, au début de cette rencontre, que pendant mes années de collège et mes premières années de vie dominicaine, j'avais affaire à un Dieu grand, bon, avec qui les relations étaient faciles. Quand je suis arrivé en Afrique, avec la découverte de l'autre dans ses coutumes, dans sa culture, j'ai été amené à m'interroger sur l'idée que je me faisais de Dieu et à le découvrir Lui aussi comme Autre, comme différent, puis à me poser un certain nombre de questions, qui sont allées s'accentuant avec le drame du Rwanda. Alors je dirais que Dieu est devenu un interlocuteur avec lequel j'ai engagé un combat. Ma foi, ma vie de prière était dorénavant parsemée d'interpellations, de pourquoi de plus en plus radicaux, de négociations. J'ai vécu le drame rwandais sur le plan émotif, en raison de mes liens avec des personnes très proches dont j'ai ignoré le sort pendant des jours, des semaines. À ce moment-là, concernant ma foi, je négociais avec Dieu: je pouvais à la limite parvenir à accepter de perdre tel ou tel proche, mais, si j'ose dire, je ne permettais pas à Dieu de toucher à telle ou telle autre personne.

Mais comment peut-on, Yvon, négocier avec Dieu?

Par une prière formulée intérieurement, pas à haute voix. Ma prière n'était pas «Béni sois-tu Seigneur», mais beaucoup plus «Qui es-tu?» et «Si tu es un Dieu Amour, pourquoi cela arrive-t-il? Si tu dis être un Dieu Amour, eh bien, manifeste-toi, manifeste-toi au moins de cette façon...» Pour moi, comme pour beaucoup d'autres, en l'espace de quelques mois, tout s'était effondré: des projets de développement dans lesquels je m'étais investi, des réseaux de relations très serrés, et

même mon engagement pastoral sur le plan de l'évangélisation. J'ai vécu une période d'ébranlement radical. «Où est
Dieu, dans tout ça?» se demandent beaucoup de gens... Pour
ma part, je personnalisais la question: «Où es-tu, Dieu, dans
tout ça? Et si tu es encore là, montre-toi, manifeste-toi...»
Alors ma foi, qui avait été une foi plutôt sereine dans les premières années de ma vie, est ainsi devenue beaucoup plus un
questionnement. Ce qu'elle est restée depuis. Mais je pense
que quand on se pose des questions, il subsiste une relation à
Dieu.

**Mais la question qui me vient spontanément est la suivante:
s'est-il manifesté? Et si oui, comment?**

Eh bien, dans ma vie personnelle, oui. Parce que les personnes
qui m'étaient les plus proches, les plus intimes, pour lesquelles le deuil aurait été très difficile, pour ne pas dire impossible, ont survécu. Alors est-ce que je peux dire que Dieu a tenu
compte de ma faiblesse et m'a épargné le pire? Dieu s'est aussi
manifesté plus largement dans la façon dont les gens ont vécu
le génocide, d'un côté comme de l'autre. On sait que certaines
victimes, avant d'être supprimées, ont pu, si on peut dire,
accueillir dans la foi ce qui leur arrivait. Il y a des gens qui
sont intervenus pour aider ceux qui étaient dans le drame. Je
pense que c'est pour le problème du Mal que la question se
pose. Il ne s'agit pas de savoir pourquoi Dieu intervient de
telle manière: je pense que c'est la liberté humaine qui est en
cause. Pourquoi Dieu permet-il de tels drames? Eh bien, la
liberté humaine est une valeur d'une telle importance que
Dieu la respecte malgré tout. Le mystère de la souffrance reste
entier, je n'ai vraiment pas de réponse. On se pose cette question en théologie et c'est difficile, mais quand on le vit sur le
terrain, c'est carrément impossible.

Et vous-même, après le drame, vous êtes parti à Rome, où vous êtes devenu ce qu'on pourrait appeler, en termes séculiers, le «ministre des Affaires étrangères» du grand patron des Dominicains?

Oui. D'abord, cela n'a pas été un choix personnel, mais la réponse à un appel. Je me trouvais déjà à Nairobi, au Kenya, au début du génocide et, pendant une grande partie des événements, j'y ai été délégué du secrétaire général de Caritas Internationalis pour la crise. Je demeurais en contact avec le Maître de l'Ordre des Prêcheurs, qui était à ce moment-là Timothy Radcliffe. Il demandait régulièrement des nouvelles dé la situation. Un soir, vers 22 heures, j'ai reçu un appel de Timothy, qui m'a dit: «Yvon, je voudrais rêver avec toi…» Trouvant la formule un peu étrange, je lui ai demandé ce qu'il voulait dire par là. Lorsqu'il a précisé que le rêve devait durer six ans, j'ai alors cru comprendre le message: il m'invitait à joindre la Curie de l'Ordre des Dominicains pour les six années suivantes, d'abord comme promoteur de la famille dominicaine.

Je me suis donc retrouvé à Rome avec le mandat de faciliter les liens entre ces différentes branches de la famille dominicaine à l'échelle de la planète. Une rencontre internationale qui s'est tenue à Manille a réuni des délégués de toutes les branches de la famille dominicaine, les branches anciennes, que je viens de mentionner et les branches nouvelles comme la Jeunesse dominicaine ou les Volontaires dominicains. Après deux ou trois ans, sans toutefois renoncer à cette tâche, je suis aussi devenu assistant du Maître de l'Ordre pour la vie apostolique. Alors là, les défis étaient énormes. D'abord, j'avais la planète entière comme paroisse: je me promenais de l'Europe à l'Amérique latine, de l'Asie à l'Afrique, et les enjeux majeurs étaient les nouvelles fondations, les endroits où l'Ordre devait être présent aujourd'hui, les questions de justice et de paix, le dialogue interreligieux.

Yvon, j'aimerais en terminant revenir sur votre passion pour les Rois mages, qui a pris pour vous un sens bien concret, n'est-ce pas?

Oui. Pour faire bref, l'histoire des Rois mages soulève un certain nombre de questions en lien avec la dimension universelle de la mission de l'Église. Je pense que c'est par cela que j'ai été rejoint. La mission universelle de l'Église, il m'a été donné de la vivre très concrètement pendant mes années comme *socius* à Rome, et cela continue de jouer dans ma vie, dans la mesure où la province canadienne a un vicariat en Afrique et un autre au Japon. Je crois donc que, dans mon histoire, quelque chose m'a permis de faire preuve d'une certaine ouverture face à la planète. J'aime bien le titre du père Congar *Vaste monde, ma paroisse*. Et je réagis toujours assez vivement quand je vois qu'on se replie sur un petit univers. Mais peut-être ai-je eu la chance, par les expériences que j'ai vécues, d'avoir une vision plus large.

Vous parlez de repli sur un petit univers, faites-vous allusion à tout ce débat identitaire qui a lieu actuellement au Québec?

Non, mais je trouve votre question pertinente. Pour s'ouvrir à l'autre, c'est bien connu, il faut savoir qui nous sommes, quelles sont nos racines, quelles sont nos valeurs. Mais il ne faut pas en faire un absolu. Soyons ouverts à d'autres univers, à d'autres valeurs. Je pense qu'il est bon que les Québécois puissent se définir eux-mêmes, aujourd'hui, en fonction d'une histoire récente tout autant que d'une histoire ancienne: car l'identité québécoise évolue. Les Québécois ne se définissaient pas, il y a 50 ans, comme ils le font aujourd'hui, ni comme ils se définiront demain. La relation à l'autre tient beaucoup, selon moi, de cette définition de l'identité.

4

ROSE DUFOUR
Une anthropologue de rue

Ce sont elles qui m'apportent Dieu.

Le jour où j'ai connu Rose Dufour, elle circulait très à l'aise au milieu des itinérants qui fréquentaient la soupe populaire du quartier Saint-Roch, dans la basse ville de Québec. Parmi eux, quelques enfants de Duplessis qu'elle avait rencontrés des années auparavant, alors qu'elle menait une enquête sur eux. Mais Rose descend maintenant dans Saint-Roch tous les jours pour poursuivre une démarche avec des femmes qui se prostituent. Retraitée de la fonction publique en 1998, à l'âge de 54 ans, Rose Dufour se considère privilégiée de quitter chaque matin son bungalow de Sainte-Foy pour aller travailler dans un petit bureau au sous-sol de l'église Saint-Roch. Après avoir publié une recherche remarquable sur les causes de la prostitution, elle a décidé de passer à l'action et d'accompagner ces femmes, de les aider à s'en sortir.

Émission diffusée le 1er février 2007.

Madame Dufour, d'anthropologue et chercheure n'êtes-vous pas devenue une travailleuse de rue avec des femmes qui travaillent dans la rue?

Je suis trop vieille pour être réellement une travailleuse de rue mais, en quelque sorte, je le suis tout de même. En 2005, après avoir fini un doctorat en anthropologie, j'ai suivi un cours de travailleuse de rue pour savoir comment elles travaillaient. J'ai alors fait des découvertes extraordinaires, entre autres combien ce travail est proche de celui de l'anthropologue, du travailleur de terrain qui vit quotidiennement avec les personnes. Je suis devenue une anthropologue de la rue.

Moi, je suis une femme de terrain. Comme j'ai travaillé chez les Inuits, pour prendre cet exemple-là, je suis allée sur le terrain pendant des mois. Généralement, les anthropologues vont s'intégrer dans la vie quotidienne des personnes sur lesquelles ils désirent faire leur recherche. Je suis donc une femme de terrain. Mais tous les anthropologues au Québec ne travaillent pas nécessairement comme moi. Je fais de «l'action recherche». Je suis intéressée à connaître la vie quotidienne des personnes. Pour comprendre comment on peut les aider, il faut vivre au quotidien avec elles. J'avoue que cela me joue parfois des tours terribles, parce que je suis constamment prise dans toutes sortes d'activités, dans toutes sortes d'événements.

Dans un des articles que vous avez écrits, une phrase semble caractériser les relations que vous avez tissées avec les femmes prostituées: «J'ai vu leur âme, leur nature fondamentale.» Normalement, une anthropologue ne voit pas les âmes, non?

C'est bien vrai. Je me souviens d'une phrase du Christ qui est absolument bouleversante pour une fille – les garçons ne la voient probablement pas de la même façon, mais pour la petite fille que j'étais, c'était absolument bouleversant. Le Christ avait dit aux pharisiens: «Les prostituées et les publicains arriveront au Royaume de Dieu avant vous.» Il m'a fallu une vie entière pour comprendre que ce n'était pas l'état de contrition de ces femmes qui explique pourquoi le Christ les aimait. Je ne comprenais pas, jusqu'au jour où je suis allée travailler avec elles. Je fais des rencontres avec elles, je les aide à se situer au cœur de leur vie en se racontant, en faisant l'histoire de leur vie d'une façon très particulière, qui est en fait une science, l'anthropologie de la prostitution. J'ai élaboré une méthodologie particulière. Je fais leur généalogie pour les aider à se situer dans leur filiation, et cela pour les aider à reprendre contact avec elles-mêmes, à se connaître et à se situer dans leur vie. À la fin de la rencontre, qui dure parfois huit, dix, douze heures, j'en reviens à l'essentiel pour les propulser vers le futur. Et je leur demande: «Où en es-tu dans ta vie? Qu'as-tu perdu, lorsque tu t'es prostituée pour la première fois?» Chaque fois que je pose cette question, il se produit quelque chose de l'ordre du saisissement intérieur, je dirais. Alors la jeune femme se redresse, devient lumineuse, entre en contact avec elle-même, et alors, elle me dit: «C'est épouvantable, Rose, j'ai perdu ma dignité!» Puis, il y a un long silence, où des larmes coulent. Je la laisse approfondir ce contact avec elle-même. Je lui demande par la suite de poursuivre cette exploration d'elle-même. C'est que le but du travail effectué n'est pas tant de faire une collecte de données, que de l'amener à entrer en contact avec sa nature profonde. Et je lui demande ensuite: «Qu'as-tu trouvé dans la prostitution?» Et en dehors de l'argent, elle a trouvé autre chose: une vie sociale, des relations sociales, etc. Ensuite, je pousse plus loin: «Si tu quittais la prostitution, qu'est-ce que tu perdrais? Et quel était le rêve que tu chérissais lorsque tu étais petite?» En faisant ce genre de démarche avec les femmes, je suis souvent bouleversée intérieurement, parce que je les vois tout à coup entrer vraiment en contact avec elles-mêmes, devenir rayonnantes. Les premières fois, je ne savais pas ce qui se

passait. J'étais moi-même saisie par une expérience spirituelle
où je voyais les femmes dans leur beauté, dans leur grandeur,
dans leur noblesse. Je crois que chacun d'entre nous est un
être vraiment unique. Je sais que je dis quelque chose qui a
l'air banal, mais j'en ai redécouvert la portée en travaillant
avec ces femmes. Je les ai vues, je les vois dans ce qu'elles
ont de plus beau, de plus grand, de plus noble. C'est pour
cela que mon livre s'intitule *Je vous salue, Marion, Carmen,
Clémentine...* Devant cette grandeur, je me suis inclinée :
c'est cela que j'appelle «avoir vu leur âme».

**Vous êtes une grand-maman au début de la soixantaine.
Pourrait-on parler de votre propre enfance, pour tenter d'y
déceler ce qui a pu vous amener, plus tard, à vous occuper des
plus démunis de la société?**

Cette question est la plus importante, je crois, parce que c'est
ce qui a fondé ma vie entière. J'étais une petite fille extrêmement malheureuse, mal dans sa peau. J'étais pieuse et appli-
quée. J'étudiais chez les sœurs du Bon Conseil de Chicoutimi,
qui enseignaient à Kénogami, ma ville d'origine. Ces femmes
étaient de grandes pédagogues. J'avais retenu quelque chose
de très important que l'une d'elles avait dit, déjà: «Préparez-
vous maintenant. Lorsque vous sentirez l'appel, il ne sera plus
temps de vous préparer, il faudra être prête.» Moi, j'avais pris
cela très, très, très au sérieux. Je me suis donc préparée. Je
croyais avoir la vocation pour devenir infirmière. Alors je suis
devenue infirmière.

Je pensais que vous alliez dire: devenir religieuse...

Non, pas du tout, je n'ai pas ressenti d'appel vers la vie religieuse. Mais j'ai senti un appel très puissant sur le plan spirituel, dès l'âge de huit ou neuf ans. Je me rends compte
aujourd'hui qu'il fallait une vie entière pour y répondre, mais
cet appel est venu très tôt dans ma vie. C'était une journée

absolument magnifique. Je me souviens que j'étais sur la galerie avant de la maison, toute seule. La journée était pleine de lumière. Une voix, à l'intérieur de moi, m'avait dit : « Tu pourras, si tu le veux, donner la parole à ceux qui ne l'ont pas, et parler à la place de ceux qui ne le peuvent pas. »

Et vous avez répondu ?

Je crois avoir répondu oui, à ce moment-là. Et toute ma vie, j'ai essayé de répondre à cet appel intérieur. Alors je suis devenue infirmière et je me suis engagée en coopération internationale. Puis je suis devenue anthropologue. J'ai toujours su que j'irais à l'école longtemps, mais que ce ne serait pas pour faire une carrière personnelle prestigieuse, que ce serait plutôt pour être au service des plus démunis, des plus pauvres. Je me suis toujours sentie interpellée par la pauvreté, appelée par les personnes les plus misérables. Je me sens à leur service depuis toujours. À titre d'anthropologue, je suis donc allée travailler dans le Grand Nord, dans l'Arctique canadien. J'étais toujours en santé publique, et je savais que je travaillerais dans ce secteur toute ma carrière. Dans le Grand Nord, comme à chacune des étapes de ma vie, j'étais certaine de répondre à l'appel perçu dans mon enfance. Mais, en moi, quelque chose me disait : « Tu te prépares, tu te prépares. » Le travail était en effet extrêmement difficile. Chacune de mes expériences de vie et de travail m'était difficile. Sur le plan intérieur, je me suis égarée dans ma propre vie, je me suis perdue dans ma propre vie. Ce travail s'est poursuivi jusqu'en 1997, au moment où l'ex-premier ministre Lucien Bouchard a allégé la fonction publique et parapublique. On m'a alors offert la retraite.

Que, dans un sens, vous n'avez pas vraiment prise, puisque vous vous rendez tous les jours dans Saint-Roch. Auparavant, vous étiez dans le Grand Nord et, entre les deux, vous vous êtes

intéressée aux enfants de Duplessis, sur lesquels vous avez d'ailleurs écrit un livre.

Ma vie est parsemée de gens et d'événements qui m'ont indiqué la route à suivre : toute ma vie, j'ai aussi été en contact avec quelque chose qui est au fond de moi et qui m'inspire. Il y a un lieu, en nous, où l'on est en contact avec quelque chose de soi-même qui nous inspire. Je crois que tous les humains ont cela en eux, j'en ai la conviction. Je le vois avec les filles avec qui je travaille. C'est comme être en contact avec sa nature fondamentale. Et je crois qu'il n'y a pas de bonheur plus grand que de réaliser cette nature fondamentale. Je suis en contact avec cela. Ma vie est parsemée d'événements et de gens qui m'indiquent quoi faire. J'ai donné ma vie, en quelque sorte. Je suis à l'écoute de cette voix intérieure. J'ai donc choisi de travailler, à ce moment-là, au début de l'année 1992, au centre-ville de Québec, avec des personnes parmi les plus démunies. J'ai commencé à œuvrer avec les itinérants. En fait, j'avais commencé avec les personnes monoparentales, mais ce n'était pas vraiment ce que je cherchais. J'ai donc commencé à travailler avec les itinérants, puis, ayant choisi d'aller plus en profondeur avec eux, je suis tombée, excusez l'expression, dans une «talle» d'enfants de Duplessis. Je me suis donc engagée à travailler à la soupe populaire, comme bénévole.

Qu'est-ce qui s'est passé avec ces enfants de Duplessis?

Je pense que nous sommes réciproquement tombés en amour. Ces hommes, je pense bien qu'ils sont les plus démunis du Québec, ils n'ont aucune scolarité et ont énormément souffert...

Quelle a été votre approche avec eux, à ce moment-là?

C'était tellement difficile! J'essayais de rencontrer des itinérants, et puis... J'étais au service de la soupe populaire. Ce jour-là, il y avait beaucoup de bénévoles, et la religieuse m'a dit :

« Madame Dufour, vous allez nettoyer les tables, aujourd'hui. » C'était terrorisant. Cela a l'air ridicule à dire, mais c'était tellement difficile de travailler avec des personnes aussi démunies et si pauvres. Il faut soi-même se dépouiller de sa propre richesse, de ses convictions, de ses habiletés, et aller au plus profond de soi, dans ce lieu où on est le plus fragile, le plus vulnérable. Lorsqu'on atteint ce lieu en soi, on est prêt à travailler avec eux. Alors je me suis intérieurement mise à leur disposition. Je n'étais plus une femme qui a un doctorat. J'étais une femme qui voulait comprendre qui ils étaient. Je suis donc devenue une étudiante, et c'était eux les spécialistes de leur propre vie. C'est une attitude mentale. C'est comme ça que j'ai vraiment rencontré les enfants de Duplessis. Ils m'ont demandé qui j'étais. Je le leur ai dit. L'un d'eux m'a interpellée : « Tu vas écrire un livre sur nous autres ? » À l'époque, ils étaient dans une très grande misère.

Au début, j'ai répondu : « Non, je ne vais sûrement pas écrire de livre sur vous autres, je ne travaillerai même pas avec vous. Moi, je travaille avec les itinérants. » Puis, je suis retournée chez moi. Tandis que toutes les semaines, ces gars-là me cherchaient, je faisais de même de mon côté. J'ai appris à les connaître. Ces hommes m'ont enseigné l'amour inconditionnel, ils m'ont appris la grandeur d'âme, ce que l'humain a de plus beau et de plus grand. Ils m'ont appris à vivre, ils m'ont inculqué l'essentiel de la vie. Je voulais apprendre ce qu'est cet amour inconditionnel dont le Christ parlait, et dont Il faisait preuve Lui-même. Et le seul moyen que j'avais de le pratiquer, c'était par ces personnes. C'est cela que les femmes avec qui je travaille présentement m'enseignent aussi. J'apprends l'amour. À l'université, on m'a incitée à me distancier de l'objet ou du sujet d'étude : je crois que c'est la plus grande erreur que l'on commet à l'université.

Quand vous essayez de définir cette relation d'amour, comment le faites-vous avec ces femmes avec qui vous formez une grande famille ?

Elles sont comme mes filles, je dirais. J'ai l'avantage d'être comme une mère, une grand-mère, dans ma relation avec les personnes avec qui je travaille depuis les enfants de Duplessis. Toute ma carrière, j'ai voulu que la science serve les personnes sur lesquelles on faisait des études. Mon grand déchirement a été de constater qu'on effectuait des recherches, mais que les résultats étaient mis de côté sans que personne s'y intéresse. Alors que moi, j'avais tenu pour acquis que, lorsqu'on découvrait un problème et qu'on devenait capable de l'expliquer, on pouvait en conséquence trouver une solution et on devait l'appliquer. Or, personne ne s'intéressait aux solutions. J'ai donc décidé, lorsque je suis arrivée à la retraite, d'adopter un type de pratique différent, qui serait directement au service des personnes, et non pas des grandes institutions publiques. Je suis rattachée à l'Université du Québec à Montréal comme chercheuse, mais je suis complètement autonome, je n'ai pas de patron.

Ici, je vous cite, madame Dufour, à partir d'un numéro des *Cahiers de spiritualité ignacienne* intitulé *Dire Dieu,* et dans lequel vous avez écrit un article où vous ne parlez pas beaucoup de Dieu, mais plutôt des femmes prostituées avec lesquelles vous travaillez : « Double et divisé en soi-même, chacun est appelé à trouver la voie de son unité sacrée, celle qui permet de s'accomplir en réalisant sa raison d'être intérieure. Je rends compte ici de la démarche d'une action-recherche qui chemine en ce sens. » La « démarche d'une action-recherche », voilà ce dont nous parlons depuis le début de notre entretien. Mais lorsque vous parlez de réaliser « sa raison d'être » et « la voie de son unité sacrée », à quoi ces termes renvoient-ils dans votre cheminement spirituel ?

J'y suis enfin arrivée, après une longue vie périlleuse et difficile. C'est ardu, d'être à la hauteur de soi. Chaque jour, pour
être à la hauteur de ce que je suis, je suis obligée de me dépasser. Ma vie n'est pas plus pénible que celle des autres, mais
moi, je trouve que la vie est vraiment difficile. Je me suis déjà
perdue dans ma propre vie, pour toutes sortes de raisons,
entre autres parce que j'avais perdu la foi à 18 ans. J'étais à
l'époque étudiante infirmière dans le bel hôpital Notre-Dame
de Montréal. J'étais tellement heureuse, mais c'est arrivé. Je
l'ai vue partir sans être capable de la rattraper. J'ai tout fait
pour la retrouver, mais je l'avais perdue. J'avais perdu Dieu.
J'en ai été tellement, mais tellement désespérée! J'ai pris tous
les moyens pour aller chercher de l'aide, mais les réponses
qu'on me donnait n'étaient jamais satisfaisantes. Alors j'ai
amorcé un chemin de Damas qui a duré au moins 20 ans. J'ai
recommencé à avoir une vie spirituelle. J'étais désespérée, sur
le plan intérieur. Je menais une vie sociale et mondaine très
satisfaisante, mais je ne savais pas pourquoi j'étais si désespérée, si mal dans ma peau, à ce moment-là, pendant ces
20 années. La vie s'est poursuivie, j'ai continué…

Jusqu'à 40 ans, à peu près?

Jusqu'à 38 ans, moment où sont survenus des événements que
je ne peux pas raconter ici, ce qui serait trop long, trop personnel et qui nous égarerait. Mais qu'importe: il s'est produit
des circonstances qui ont fait que j'ai commencé à faire de la
méditation, à avoir une vie intérieure plus riche et un nouveau
mode de vie. Alors a commencé pour moi une autre vie, où
j'ai retrouvé en quelque sorte ce contact avec ce que je suis au
plus profond de moi-même. Ce contact, je l'ai approfondi de
toute la force de mon être, en trébuchant, en tombant, mais
pour le retrouver. Je ne l'ai plus jamais abandonné une fois
que je l'ai retrouvé. La forme qu'a pris ma vie spirituelle a
évidemment été différente de celle de la petite fille qui aimait

aller à l'église, qui affectionnait l'odeur de l'encens, qui recherchait le calme de l'église. Je continue de fréquenter les églises, mais je ne le fais plus dans le cadre d'une pratique au sens strict du terme. Je suis vraiment dans une démarche intérieure, une démarche spirituelle qui prend différents aspects. J'ai beaucoup étudié Ignace de Loyola et la spiritualité ignacienne mais, présentement, je me sens davantage attirée vers une spiritualité vincentienne, à cause de l'humilité, de la modestie…

Vous faites allusion à saint Vincent de Paul.

Oui, c'est ça. Je suis aussi interpellée par un homme plus près de nous, un Québécois qui se nommait George Manly Muir, qui vint autrefois en aide aux prisonnières et aux prostituées. Il était écossais d'origine et greffier au Parlement, à Québec. Il a été à l'origine de toute l'œuvre des Sœurs du Bon Pasteur de Québec. Mais on parlait de cheminement. Moi, j'ai donc choisi une science différente, j'ai choisi un parcours de vie en contact avec ma réalité intérieure. Cela peut sembler utopique, mais je crois que c'est là ma contribution à l'effort scientifique.

Vous parlez d'une nouvelle expérience intérieure très forte, d'une nouvelle vocation. Comment faites-vous le lien entre vos convictions, ce que vous cultivez à l'intérieur de vous, et cet engagement concret que vous continuez à mener quotidiennement auprès des gens démunis?

Mon seul moyen de répondre à l'appel de Dieu – appelons cela ainsi, puisque tout le monde connaît ce langage –, mon seul moyen de comprendre et d'y répondre, c'est d'être en contact avec Lui. Ma vie entière est consacrée à une quête intérieure. Ma vie spirituelle n'est pas détachée de ma vie professionnelle, de ma vie matrimoniale, de ma vie familiale. Je ne veux plus être divisée entre une femme de carrière, une chercheuse et une femme tout court. Ma vie entière, c'est d'être unité.

Quand vous parlez de Dieu, quel sens celui-ci a-t-il pour vous?

Qu'elle est belle, Sa création! C'est cette unité entre toutes ces dimensions de mon être matériel, mais aussi immatériel...

C'est étonnant de vous entendre dire: «Qu'elle est belle Sa création!», quand vous travaillez avec des femmes qui ont été exploitées, qui ont été...

... souillées.

... souillées. La plupart d'entre elles ont été, dans leur jeunesse, victimes d'agressions sexuelles. Face à l'odieux de la situation qu'elles ont subie, comment pouvez-vous dire que cette création est si «belle», et comment articulez-vous votre foi, votre présence à ces personnes profondément exploitées par leur entourage?

C'est bien cela, la grande question. Et c'est cela la plus grande découverte que j'ai faite, que sous cette montagne d'immondices, de souillures, au fond de chaque être et de chaque personne, il y a ce lieu sacré qui n'a jamais été souillé.

Je pense à Betty qui, dans mon livre, dit son vrai nom, la seule du groupe à l'avoir fait. Pendant toute une année, j'ai essayé de la convaincre de ne pas mettre son vrai nom, Betty, elle qui a été agressée par son père incestueux de 8 à 13 ans, qui est devenue enceinte de lui, et que la mère a obligée à poursuivre cette grossesse. On lui a fait une césarienne, on lui a enlevé, on a arraché l'enfant de son corps: elle n'a pas voulu le voir. Elle est une femme dégradée, souillée, si désespérée! Tellement brisée intérieurement, mais essayant quand même de se construire, et y arrivant même, après être devenue héroïnomane, une femme qui chaque jour lutte... J'ai trouvé en ces prostituées les femmes les plus courageuses jamais rencontrées de toute ma vie! Or, cette femme-là, je l'ai rencontrée un lundi matin, désespérée, tellement mal dans sa vie, dans sa peau et dans tout son être, ayant peine à vivre. J'ai prié tout en restant en contact de tout mon être avec sa souffrance profonde. Je l'ai ressentie, cette souffrance, et j'ai prié en même temps : « Mon Dieu, qu'est-ce que je puis faire pour l'aider ? Inspire-moi : que puis-je ? Comment puis-je ? » Et la phrase qui a alors surgi m'a dépassée. Ce n'est pas moi, la petite bonne femme que je suis, qui l'ai trouvée, c'est quelque chose de plus grand qui fait jaillir ce genre d'inspiration. Je m'entends donc lui dire : « Betty, au fond de toi, il y a un lieu qui n'a jamais été souillé. Là, tu es vierge. Là, tu es la plus belle, tu es la plus noble. Tu as le pouvoir de faire en sorte que ce lieu devienne de plus en plus grand et qu'il envahisse tout ton être. »

Cette vérité est la plus grande découverte de toute ma vie. Ce lieu est quelque chose de tellement sacré : j'en prends le plus grand soin. Dans le travail que je fais avec ces femmes, j'arrive à dépasser les apparences parce que je vois leur nature fondamentale ; je les vois dans ce qu'elles ont de plus beau et de plus grand.

5

BRIAN MCDONOUGH
Se battre sur tous les fronts

Je reconnais, chez les personnes que je rencontre,
quelque chose du Christ qui m'interpelle, qui
m'interpelle au nom de mon engagement de foi.

*Mon premier contact avec Brian McDonough a eu lieu au cours
de la seule retraite zen à laquelle j'ai participé. Sept jours à faire
trois heures de méditation par jour, sous la direction de Bernard
Senécal, assisté de René Champagne, deux jésuites pleins de
spiritualité. Nous avons découvert que nous avions des intérêts
communs, dont une passion pour Bernard Lonergan un philosophe et théologien québécois de réputation internationale qui a
fait carrière à Rome et à Boston, mais demeure peu connu au
Québec. Mais Brian McDonough, directeur de l'Office des
œuvres et de la pastorale sociale du diocèse de Montréal, travaille
sur tous les fronts sociaux : défense des droits des demandeurs
d'asile et aide aux réfugiés, appui à toutes les causes contre la
pauvreté, implication dans les luttes internationales contre la
misère et toute forme d'injustice. Son cœur est très sensible à deux
catégories de personnes : les détenus, confinés aux cellules de leurs
lieux de détention ; les déficients mentaux, dont l'autonomie est
limitée par une déficience de la capacité de compréhension.*

Émission diffusée le 25 janvier 2007.

Avocat, Brian McDonough a aussi étudié la théologie et s'est impliqué dans plusieurs organisations de Montréal, surtout sur les plans social et politique, et en général en relation avec l'Église. Son passage à l'Arche de Jean Vanier et son séjour en Inde ont été déterminants pour le reste de sa vie, car il y a trouvé son épouse. Il est aujourd'hui marié et père de quatre enfants, dont une fille qui souffre d'une déficience intellectuelle grave. Sa vie est un exemple du slogan ecclésial « une option préférentielle pour les pauvres » dans tous les sens de l'expression.

Votre nom trahit vos origines irlandaises, mais vous considérez-vous comme un anglophone ou un francophone ?

Je suis né dans le quartier Hochelaga-Maisonneuve, d'une mère francophone, Aline Forté, et d'un père qui était d'ascendance irlandaise, Gerald McDonough. Je suis donc les deux. Quand je me trouve dans un milieu anglophone, je deviens surtout un porte-parole des francophones, et j'affirme avec fierté cette appartenance-là, cette identité francophone. Quand je suis dans un milieu plutôt francophone, là je ne peux pas cacher mon identité culturelle anglophone. D'ailleurs, mes fautes de français, mes difficultés avec le masculin et le féminin traduisent nettement le fait que j'ai fait toute ma scolarité dans des écoles anglaises. C'est très important, pour moi, d'être autant que je le puis un pont entre les cultures, entre des traditions différentes, et cela m'a beaucoup marqué. Par ailleurs, lorsque je me suis trouvé dans les communautés de l'Arche, d'abord en France, puis à Calcutta, en Inde, j'ai découvert la vision du monde des personnes ayant un handicap.

Vous parlez des communautés fondées par Jean Vanier ?

C'est exact. C'est un réseau international de communautés fondées par Jean Vanier. La première a été établie à Trosly-

Breuil, non loin de Paris, en 1964. Dans ces communautés
habitent des personnes ayant un handicap intellectuel mais
qui vivent avec des personnes qui n'ont pas ce genre de handicap. Très souvent ils cohabitent dans des foyers, mais pas
nécessairement. Il y a cette vocation, cette mission d'encou-
rager une interaction entre des personnes handicapées et des
personnes sans handicap, qui permet justement la découverte
de cultures et de sensibilités différentes, en vue de créer des
communautés d'accueil et de communion.

**Vous aviez quel âge et vous êtes resté combien d'années dans ce
monde?**

Mon premier contact avec l'Arche a eu lieu quand j'avais
22 ans, à Trosly-Breuil. J'y ai vécu une année, et c'est d'ailleurs
au cours de cette année-là que j'ai rencontré la femme qui
allait devenir mon épouse, huit ans plus tard. Ensuite, j'ai
vécu trois ans à Calcutta, dans un foyer de l'Arche, de 23 à
26 ans. Je peux vous dire que ces années à Calcutta ont été
pour moi décisives, non seulement sur les plans de mon
engagement et de la découverte d'une grande culture, d'une
grande civilisation, mais aussi sur celui du défi, du scandale
de la pauvreté et de l'écart entre les riches et les pauvres.
Cela a été très important pour moi. Et, par la personne
handicapée, j'ai découvert toutes les richesses de cette culture, de cette grande tradition religieuse. Les personnes
handicapées que j'ai connues m'ont permis de rencontrer des
familles des bidonvilles tout autant que des familles qui
venaient de milieux un peu plus aisés, et de découvrir ainsi
à quel point l'Inde n'est pas tant un pays qu'un réel continent. C'est vraiment un carrefour de cultures, de civilisa-
tions, de traditions assez extraordinaires. Cela a vraiment
élargi mes horizons!

Et vous êtes finalement resté. Vous semblez avoir été marqué pour la vie par ces expériences que vous avez vécues…

Une des grandes questions qui m'a motivé à aller en Inde, et c'est une question qui est restée en moi pendant tout ce temps : « comment des personnes qui vivent dans une précarité totale peuvent-elles trouver un sens à leur vie ? ». Quelle est l'espérance qui leur permet au jour le jour de continuer, et cela en dépit des grandes difficultés matérielles et devant les exclusions sociale et culturelle qu'elles vivent ? Quel est le moteur, quelle est la dynamique inscrite dans leur être qui leur permet de dire oui à la vie ? C'était déjà pour moi une grande question : le sens de la souffrance. Comment surmonter la souffrance et l'angoisse de l'existence qui vient avec ?

Et vous avez trouvé une réponse à cette question ?

Je pense que mon séjour en Inde m'a équipé pour poursuivre cette recherche, car une des choses que j'ai comprises est que la réponse à cette question du sens doit être fondée sur ma propre expérience. Les personnes que j'ai rencontrées ont essentiellement été pour moi un miroir qui m'invitait à être davantage conscient de qui je suis comme personne. Et il me semble que cette expérience m'a interpellé par rapport à des questions fondamentales. Qui suis-je ? D'où est-ce que je viens ? Et comment est-ce que je construis non seulement moi-même, mais le monde, en le transformant et en contribuant au développement social ?

Et puis, concrètement, qu'avez-vous fait, ici, à Montréal ?

À mon retour de l'Inde, j'ai décidé d'entreprendre des études de droit. J'avais constaté que le secteur privé, le monde des affaires, peut contribuer d'une façon importante au développement social, tout comme le secteur public, les instances gouvernementales, ont un rôle à jouer dans la création de conditions plus justes. J'ai donc cru que des études en droit pouvaient m'équiper, personnellement, pour travailler à la fois avec le secteur privé et les instances gouvernementales afin de bâtir un monde plus juste.

Au fond, à ce moment-là, vous vouliez véritablement faire une carrière d'avocat mais aussi politique, finalement?

Je crois que oui. Le but de mes études en droit n'était pas de travailler dans de grandes firmes d'avocats. Je ne voulais pas avoir une pratique dans le monde de la fiscalité, par exemple, mais surtout utiliser ces connaissances, en plus de ma préparation professionnelle au Barreau, pour pouvoir contribuer d'une façon concrète et pratique, si je puis dire, à la promotion d'une plus grande justice sociale et d'une société plus inclusive.

Vous avez ensuite travaillé au Conseil ou Comité catholique… qu'est-ce que c'est déjà?

Le Conseil catholique d'expression anglaise. J'ai été directeur général de cet organisme sociocommunautaire impliqué non seulement dans le domaine de l'instruction publique, mais aussi dans l'accès aux services de santé et aux services sociaux. Par mon engagement au Conseil catholique d'expression anglaise, j'ai aussi été en contact avec divers réseaux engagés dans la lutte contre la pauvreté, des groupes qui essayaient de monter un mouvement pour la foi et la lutte contre la pauvreté et pour la promotion de la justice. Alors j'ai eu le désir de créer des ponts entre la minorité anglophone du Grand Montréal et un foisonnement d'organismes communautaires plus identifiés au milieu francophone et qui travaillaient à l'échelle des quartiers pour améliorer les conditions de vie, surtout des personnes en situation de pauvreté. Encore une fois, c'est cette mission d'être comme un pont entre les cultures, entre des groupes, entre des réseaux différents qui s'est confirmée. Après avoir travaillé au Conseil comme directeur général pendant sept ans, j'ai été invité à occuper le poste que je détiens actuellement, celui de directeur de l'Office des œuvres et de la pastorale sociale, à l'Archevêché de Montréal.

Vous vous êtes donc engagés à divers titres. Mais au-delà de la fonction politique que vous exercez, qu'est-ce qui vous interpelle et vous passionne le plus dans ce que vous faites?

C'est la rencontre avec Dieu, particulièrement la rencontre de Jésus-Christ dans les personnes qui vivent dans une situation de pauvreté ou d'exclusion. Quand je vais dans les établissements carcéraux et que je rencontre une personne détenue, au fur et à mesure que les conversations s'approfondissent et que l'amitié se développe, je découvre dans ces personnes vraiment des frères ou des sœurs, des gens qui sont assurément porteurs de Jésus-Christ et du mystère de Dieu. Quand, par exemple, je rencontre des personnes qui luttent contre la pauvreté ou l'exclusion, qui militent à l'échelle des quartiers, qui sont vraiment à la base et cherchent à mettre en place des ressources pour aider des familles en situation de grande difficulté, là aussi, je rencontre Jésus. Je suis frappé de voir à quel point l'Esprit Saint travaille non seulement à travers des individus, mais aussi des réseaux, des organismes, des amitiés, afin de pouvoir transformer notre monde pour le rendre plus conforme aux valeurs de l'Évangile.

Personnellement, Brian, quand j'entends cette expression «rencontrer le Christ dans le plus pauvre», et cela est au cœur de votre engagement, j'ai toujours un peu de difficulté. Je me dis que si on aime l'autre, on l'aime pour ce qu'il est. Il est possible que le Christ ajoute une motivation ou une impulsion à cette rencontre. Que signifie pour vous cette expression: «rencontrer Jésus-Christ dans l'autre»?

Une des choses qui m'a toujours marqué dans l'Évangile c'est à quel point Jésus Lui-même s'identifiait aux personnes marginalisées. Il avait cette capacité, lors de ses échanges avec des personnes aveugles ou qui avaient un handicap, ou encore d'autres qui étaient exclues en vertu du régime religieux, politique ou social de l'époque, de sentir un lien, une identification. Une réflexion sur les Évangiles, une formation théologique et, plus encore, des expériences de vie m'ont fait reconnaître à quel point il y a convergence entre l'action de Jésus dans notre monde et les personnes en situation d'exclusion. On dirait qu'il y a quelque chose du mystère du Christ dans ces personnes en marge de notre société. Est-ce parce que Jésus lui-même était en marge? Est-ce parce que Jésus lui-même était sans pouvoir? Est-ce parce que Jésus lui-même a été rejeté? C'est difficile à déterminer, mais je reconnais chez les personnes que je rencontre quelque chose du Christ qui m'interpelle, qui m'interpelle au nom de mon engagement de foi.

Parmi les personnes que vous rencontrez, vous avez une attention particulière envers les prisonniers. Pourquoi?

Lorsque je participe à des activités « dans les murs », dans les établissements, je trouve beaucoup de joie, et même une liberté dans mes échanges avec les occupants des milieux carcéraux. Quand les relations s'approfondissent, il y a une camaraderie et une joie qui surgissent dans nos interactions. Puis je sens, par exemple, chez beaucoup de ces résidants, une grande vulnérabilité, des actions et des implications dans des milieux qui auraient créé beaucoup de souffrances à d'autres personnes. Mais quand même, quelque chose m'interpelle comme croyant, qui me demande de regarder au-delà des apparences, au-delà aussi de l'histoire de ces personnes, pour reconnaître un fils, une fille de Dieu.

Ce cheminement a du être marqué, j'imagine, par l'influence de personnalités?

En effet, certaines personnes m'ont beaucoup marqué et ont transformé ma sensibilité, et même mes priorités. Évidemment, les fondateurs de l'Arche, Jean Vanier et le père Thomas Philippe, ont été extrêmement importants pour moi dans la découverte de la personne ayant un handicap. Le père Thomas Philippe, un dominicain, était un homme qui avait un sens extraordinaire de Dieu et qui savait reconnaître sa présence chez les personnes exclues – les détenus, les personnes handicapées –, et chez les familles qui étaient marquées par cette réalité-là. Il était donc selon moi une source d'inspiration, tout comme Jean Vanier.

Je me souviens aussi du premier soir de mon arrivée à l'Arche… J'étais à table avec une personne qui était absolument fascinée par une carte postale avec des couleurs en relief: il s'appelait André Petit. Or, cet homme qui avait de toute évidence un handicap, et même un trouble de la santé mentale, m'avait marqué par son sens de l'émerveillement, son sens de la présence. J'ose dire qu'André a été un maître, pour moi, sur le plan artistique, et même sur celui de la capacité de s'émerveiller. Passer des nuits à regarder les étoiles avec André, c'était pour moi une grande expérience.

Lorsque j'étais en Inde, il y avait aussi un des frères des Missionnaires de la Charité, une communauté fondée par Mère Teresa, le frère Christodas. Lui, il m'a beaucoup, beaucoup marqué. Il était infirmier et travaillait fort avec des personnes qui souffraient de la lèpre. Je me souviens de son labeur patient avec des gens vraiment exclus de cette société: par exemple, quand il retirait des vers qui étaient incrustés dans la chair morte de personnes vivantes. Quelle patience, quelle tendresse, et quelle compassion! Ce qui m'avait aussi beaucoup touché, c'était qu'il avait lui-même contracté la lèpre par son contact avec ces personnes. Je me souviens que cet homme, qui travaillait vraiment très fort, lorsqu'il prenait l'autobus, eh bien, même épuisé (il était d'un certain âge) il se levait pour céder sa place à l'autre. Il incarnait, si je puis dire, cette sensibilité, cette générosité, cette ouverture à l'autre qui m'ont profondément marqué.

Au fond, ceux qui vous ont le plus impressionné, ce sont des individus qui ne sont pas nécessairement de grands penseurs; ce sont plutôt des personnes qui sont remarquables par leur qualité intérieure de présence à l'autre, de communication, et qui souvent étaient démunies et considérées comme étant plus ou moins importantes dans la société...

Mon épouse et moi avons nous-mêmes une fille qui est lourdement handicapée. Elle s'appelle Isabelle et elle est maintenant accueillie dans un foyer de l'Arche, ici, à Montréal. J'ai été très impressionné par la qualité de l'attention manifestée par mon épouse, Hortense, envers elle. Isabelle n'a absolument aucun contrôle moteur et est atteinte d'une cécité corticale, mais c'est une fille vraiment remarquable.

Vous l'avez eue après votre séjour à l'Arche?

Oui. On peut d'ailleurs se demander si notre séjour à l'Arche ne nous avait pas préparés, Hortense et moi, à accueillir une fille qui est née à 30 semaines avec un poids à la naissance très, très faible. D'ailleurs, elle a failli ne pas survivre.

Est-ce que cela, à certains moments, ne vous a pas révoltés? C'est-à-dire que vous vous êtes engagés à l'Arche, vous et votre femme, vous vous êtes dévoués auprès des handicapés, des déficients intellectuels, et comme héritage, comme cadeau, vous avez vous-mêmes plus tard une fille qui est handicapée...

Notre réaction a été plus compliquée que cela. D'abord, le fait que nous ayons été à l'Arche nous a permis de comprendre à quel point une personne atteinte d'un handicap a quelque chose d'important à offrir à notre société et à notre culture. Ce ne sont pas des mots mais plutôt un sens de l'émerveillement, de la présence, de l'écoute. Isabelle l'a manifesté, et d'autres personnes handicapées l'expriment aussi dans leur interaction avec les gens, ce qui a suscité chez moi une transformation. Cela m'a beaucoup interpellé quant au sens de la vie et de la justice. Accueillir Isabelle a certainement été un défi majeur. Mais elle est un don, non seulement pour nous, comme couple et comme famille, mais aussi pour ses amis, à l'Arche. Aussi, oui, Isabelle a été une source de grande interpellation pour nous. Mais les soins qu'une personne comme Isabelle exige ont quand même causé des difficultés dans notre famille. On se demande toujours à quel point nos aînés n'en ont pas souffert, même si nous étions conscients de cette réalité-là. Mais Isabelle, quand même, a une sensibilité face à Dieu, un sens de l'émerveillement, un sens de la présence auprès des gens qui est remarquable. Prier avec Isabelle, c'est vraiment un privilège unique. Puis, je tiens à le souligner, non seulement Isabelle m'a beaucoup marqué, ainsi que sa sœur jumelle Alice, mais mon épouse aussi m'a impressionné. Ses soins, sa patience… Parce que moi, j'étais à l'extérieur pour travailler, mais mon épouse était à la maison à s'occuper d'Isabelle et, dans les premières années, pour elle, c'était très difficile. Alors cette patience et cette générosité manifestées par Hortense m'ont aussi beaucoup interpellé, et ça continue.

Il y a eu un autre type d'influence tout à fait différente dans votre vie, non ? On vient de parler des influences issues de vos rencontres avec des personnes souffrantes et parfois isolées, ostracisées. Mais vous avez aussi été inspiré par Bernard Lonergan, relativement peu connu ici, mais qui est un grand esprit bénéficiant d'un rayonnement international.

Absolument. C'est pour moi un des grands penseurs du XXᵉ siècle. Il est né à Buckingham, au Québec. C'est un jésuite québécois qui a élaboré une pensée, une réflexion qui est selon moi d'une grande pertinence dans notre monde.

Dites-moi, Brian, comment faites-vous le lien entre une pensée comme la sienne, un penseur théologien intéressé par la connaissance, et le genre de préoccupations dont on parle depuis le début de notre entretien ou les expériences que vous avez vécues?

Vous vous souvenez, je vous disais tout à l'heure que, quand j'étais en Inde, j'étais habité par la question : quelle est l'espérance qui peut animer des personnes qui vivent dans une précarité, une insécurité matérielle totale? Je vous ai dit que ces personnes ont été pour moi un miroir qui m'a permis de comprendre qu'il me fallait trouver la réponse à cette question en moi-même. Bien, Lonergan m'a donné les outils pour vraiment découvrir le sujet humain et distinguer ce pilier, cette force qu'est justement l'intentionnalité humaine. Cette capacité de chercher à comprendre l'expérience de la vie et d'affiner la compréhension de cette expérience. Grâce à lui, j'ai saisi à quel point cela est une base solide qui me permet d'engager un dialogue avec l'autre. La pensée de Lonergan fournit, si je puis dire, un phare, un pilier ou quelque chose qui est la base d'un dialogue avec des personnes qui viennent de tout autres cultures et qui ont vécu diverses expériences. Je crois que cela est extrêmement important. Et au-delà de ce fondement solide à un dialogue, il y a aussi la sensibilité à l'autre qui, par ses décisions, par ses engagements, construit non seulement le monde autour de lui, mais aussi en lui-même. Je pense que cela est extrêmement intéressant. Lonergan a également bien dépeint les limites et les dangers de distorsion ou de déviation qui existent en chaque être humain. En s'inscrivant dans la dynamique même, la structure même du sujet humain, il permet de construire la base d'une pensée critique non seulement envers soi-même et l'autre, mais aussi envers la société, les Églises et les mouvements religieux. Il permet également de reconnaître qu'une normativité, dans notre société, ne s'inscrit pas tant dans des concepts ou

dans des idéaux que dans les opérations de l'intentionnalité humaine : la réceptivité à l'expérience, la saisie afin de
comprendre, la vérification afin d'arriver à un jugement,
l'évaluation afin de prendre une décision et d'agir.

**À la lumière de votre engagement intense et diversifié, quelles
sont les priorités, pour vous, actuellement, quand vous regardez
la société ou l'Église ? Quels sont les principaux défis que la
société a à relever aujourd'hui ?**

Le premier défi est celui que pose le scandale des inégalités
entre le Nord et le Sud, bien sûr, mais aussi entre les riches et
les pauvres dans toutes les régions. C'est incroyable de voir à
quel point de tout petits groupes de personnes possèdent des
richesses monumentales. C'est un scandale, non seulement
du point de vue de l'Évangile, mais aussi du point de vue de
l'esprit citoyen.

**Il y a certains autres dossiers auxquels vous êtes également
sensibilisé, par exemple, quand vous parlez de l'état de santé de
la population en général, mais pas uniquement sur le plan de
la santé physique, sur celui de la santé mentale aussi. Cela vous
inquiète ?**

Effectivement, il me semble qu'il y a une sorte de défi majeur
à relever. Je constate que nous vivons ici, au Québec, dans
une société stigmatisée qui a de la difficulté sur le plan de
l'espérance. Pour certaines personnes, cela peut conduire à la
dépression et même à des troubles plus graves de la santé
mentale. Il y a là une question cruciale. Comment se fait-il
que tellement de personnes vivent un *burn-out*, ont besoin
d'un suivi médical, doivent prendre des médicaments pour
lutter contre la dépression ? Qu'est-ce que cela signifie, par
rapport à notre capacité collective de répondre au défi de la
vie et du quotidien ? Il me semble que cela pose des questions
quant à notre capacité collective et individuelle de trouver un
sens à la vie, d'adopter des valeurs dans notre vie et de relever

le défi de bâtir une société juste, une société qui soit inclusive.
Il y a danger, dans notre société, d'un certain enfermement
qui conduit à la consommation et à un repli sur soi-même,
c'est quelque chose que je vois de plus en plus. Et cela a aussi
pour conséquence une perte de la dimension collective de
notre expérience humaine. On comprend notre monde et
notre histoire exclusivement en fonction de l'individu coupé
de la dimension sociale.

Vous occupez un poste important dans l'Église. Mais vous savez qu'elle est constamment critiquée de toutes parts depuis belle lurette.

Il est extrêmement important pour l'Église de cultiver une
opinion publique informée et de créer des conditions, des
circonstances où des personnes engagées dans l'Église peuvent
non seulement réfléchir sur les débats, mais aussi s'exprimer
en toute liberté. Si ses membres n'ont pas cette possibilité,
l'Église ne pourra pas témoigner de l'actualité de l'Évangile
ni contribuer au développement social.

Dans la foulée de cette idée de la libre expression, quel est, actuellement, le point sur lequel vous souhaiteriez un change-ment de mentalité ou une meilleure implication de l'Église, dans l'ensemble des questions sur lesquelles elle est très souvent controversée ?

Il m'apparaît important, pour l'Église, de réfléchir à son
identité. Mais cela ne doit pas se faire aux dépens de son
engagement dans le monde. Il y a actuellement danger d'un
certain repli, une certaine préoccupation quant à sa spécifi-
cité, c'est-à-dire en ce qui concerne les sacrements ou certaines
institutions au sein même de la vie ecclésiale. Il me semble que
l'Église se doit d'être un partenaire pour relever les grands
défis sociopolitiques. Je pense par exemple à un organisme
comme Développement et Paix qui, dans ses campagnes des
dix dernières années, a nourri par sa contribution le grand

débat sur l'accès à l'eau potable et à la mise en lumière des injustices liées à l'exploitation minière dans les pays du sud. Il me semble que ça, c'est une expression incontournable de la vie de l'Église. Sa présence se perçoit aussi dans les questions concernant l'accueil des personnes immigrantes, dans les exigences de groupes inspirés par l'Évangile pour mettre en place des procédures et des structures pour accueillir notamment les personnes qui ont besoin de protection, comme les réfugiés. Cela me semble important. Il faut reconnaître que l'Église a un rôle capital à jouer sur plusieurs plans, auprès de toutes les instances, dans tous les débats et pour la promotion des droits de la personne et des droits sociaux. L'Église doit être au service de notre monde, comme Jésus l'a été.

6

JEAN GRONDIN
Rendre raison de nos choix fondamentaux

> Moi, j'aime cette idée de s'adresser directement à un vis-
> à-vis, qu'il existe ou non. C'est-à-dire que chacun d'entre
> nous finit par poser des questions à Dieu : pourquoi le
> mal, pourquoi la souffrance, pourquoi toutes ces catas-
> trophes et pourquoi sommes-nous là ?

Dans cette série d'entrevues où on a souvent posé abruptement aux invités la question de la place de Dieu dans leur vie, il fallait aussi les laisser expliciter leur vision du sens des choses ou, en termes plus savants, leur vision de l'herméneutique ou de l'inter-prétation.

Jean Grondin est un spécialiste mondialement reconnu de la philosophie allemande classique et contemporaine, et un pas-sionné de métaphysique, celle de Kant comme celles de Heidegger et de Gadamer. Il a d'ailleurs publié bon nombre d'ouvrages et d'articles sur ces penseurs. Élève de Hans-Georg Gadamer, il a écrit une imposante biographie intellectuelle de Gadamer, rédi-gée en allemand. Il a aussi publié, aux Presses universitaires de France, des livres sur Heidegger et sur Kant. Il prononce des conférences partout dans le monde. Au Québec, on peut facile-ment trouver un petit livre qui s'intitule Du sens de la vie, *publié chez Bellarmin, dans lequel Jean Grondin continue de*

Émission diffusée le 22 février 2008.

rendre publique sa propre pensée philosophique. Sont facilement accessibles, L'Herméneutique, *dans la collection « Que sais-je ? »,* et Introduction à la métaphysique, *publiée aux Presses de l'Université de Montréal.*

À la Faculté de philosophie de l'Université de Montréal, il fait souvent salle comble. Au fil des ans, il a bien sûr parcouru avec ses étudiants tout le champ de la philosophie, mais surtout ceux de l'ontologie et de la métaphysique. Il a aussi initié ses étudiants à la lecture des Confessions de saint Augustin *et donné des cours sur la philosophie de la religion.*

∾

Professeur Grondin, vous donnez actuellement un cours sur les *Confessions de saint Augustin.* **Ce n'est pourtant pas un traité de philosophie. Il me paraît étonnant qu'un philosophe comme vous, spécialiste de la philosophie allemande, consacre du temps à enseigner ces écrits ?**

J'ai toujours eu un grand faible pour saint Augustin. Je l'ai toujours beaucoup lu, depuis les premières années de mes études. Et je n'ai jamais cessé de le lire. Et puis j'ai constaté que saint Augustin suscitait un très grand intérêt chez les étudiants, que c'est un écrivain qui attire beaucoup d'étudiants, malgré sa réputation de personnage d'Église. Gérard Depardieu est récemment venu lire saint Augustin, à l'église Notre-Dame de Montréal, comme il l'a fait à la cathédrale Notre-Dame de Paris, et il a attiré beaucoup de monde. Il semble qu'Augustin bénéficie aujourd'hui d'une certaine ferveur. Pourquoi aime-t-on un auteur ? Pourquoi aime-t-on une personne ? On ne peut pas toujours le justifier. Mais j'ai constaté que cela intéressait beaucoup les étudiants aussi. Quand je donne un séminaire sur Heidegger, il y a 30 personnes. Mais dans mon cours sur Augustin, il y en a 50, assez ironiquement. C'est curieux, mais les auteurs plus modernes, plus au goût du jour, attirent moins qu'un auteur comme Augustin. C'est qu'on se reconnaît volontiers dans Augustin, dans l'inquiétude radicale qui anime sa philosophie : « Mon cœur est inquiet jusqu'à ce qu'il repose en Toi. » Personnellement, j'ai toujours lu les *Confessions* comme une œuvre de philosophie. Augustin le dit lui-même. Il a une conception très claire de ce que veut dire la philosophie, et c'est aussi la mienne. C'est-à-dire que la philosophie, c'est aussi l'amour de la sagesse. C'est ce que signifie le terme *philosophia*, l'amour de la Sagesse. Or, très souvent, les philosophes de profession se détournent de cet idéal, de cet espoir, de ce désir de sagesse, alors qu'Augustin, lui, y tient et le met en pratique. Il écrit que ce qui l'a engagé sur la voie de la philosophie – de la *philosophia*, de l'amour de la sagesse –, c'est justement un livre de Cicéron qu'il a lu alors qu'il avait 18 ans. C'est à cet âge qu'on lit les auteurs qui nous marquent. L'ouvrage de Cicéron était justement une exhortation à la philosophie. Et l'exhortation à la philosophie voulait dire, pour Cicéron, qu'on se détourne de toutes les préoccupations secondaires de l'existence pour se consacrer à l'essentiel. Et l'essentiel, c'est la sagesse.

Revenons à Augustin. La structure des *Confessions* est une forme de dialogue. Saint Augustin parle continuellement à Dieu, au Seigneur, il lui demande pardon pour les péchés qu'il a commis, en appelle à sa miséricorde. La trame de fond est sa relation avec Dieu. C'est le discours d'un croyant qui témoigne de l'intervention de Dieu dans sa vie et lui rend hommage. Mais ce n'est pas très philosophique, à mon point de vue du moins.

Ce qui est très philosophique, en tout cas, pour répondre à votre question, c'est que c'est le récit d'une conversion. Augustin comprend la philosophie comme une conversion, c'est-à-dire un retournement complet de l'existence vers ce qui compte le plus, l'amour de la sagesse. Cela est tout à fait central, évidemment. Et je pense qu'on a un peu oublié que la philosophie, que les convictions fondamentales de notre existence ont quelque chose à voir avec un certain retournement de l'âme qu'on peut appeler une conversion. Le mot fait un peu peur, mais on le rencontre chez certains auteurs païens, comme Platon, qui disait que la philosophie jaillissait d'un retournement complet de l'âme.

Oui, mais il s'adresse à Dieu. Il va même lui dire, par exemple – je le cite approximativement : « Tu me connais plus que je ne me connais moi-même. » N'est-ce pas vraiment là une interpellation, une ouverture à la transcendance, à un Dieu personnel ?

Ça, c'est une citation de saint Paul. C'est saint Paul qui dit que Dieu nous connaît mieux qu'on ne se connaît soi-même. Tout le récit d'Augustin, bien sûr, est truffé de références bibliques et littéraires très riches. Mais moi ce que j'aime, c'est qu'il s'adresse directement à Dieu, qu'il pense s'adresser à Dieu. En réalité, ce qu'il accomplit, c'est un soliloque, comme il le dit lui-même, c'est-à-dire un dialogue intérieur avec lui-même. Bien sûr, en écrivant, en racontant l'histoire de sa conversion, il s'adresse à l'ensemble de ses lecteurs. Moi, j'aime cette idée de s'adresser directement à un vis-à-vis, qu'il existe ou non. C'est-à-dire que chacun d'entre nous finit par poser des questions à Dieu : pourquoi le mal, pourquoi la souffrance, pourquoi toutes ces catastrophes et pourquoi sommes-nous là ? Chacun d'entre nous a des questions à poser à Dieu – les grandes questions de l'existence – et le fait plus ou moins directement. Évidemment, les prières sont adressées à Dieu. Dans une prière, c'est soi-même qu'on raconte, parce que la théologie sait très bien que Dieu n'a pas besoin qu'on Lui adresse ces demandes, qu'Il les connaît déjà. C'est là une problématique bien connue en théologie. Quand on parle à Dieu, on sait qu'on s'adresse à cœur ouvert à quelqu'un qui nous voit tel qu'on est, ce qui signifie qu'on peut parler de son for intérieur, et surtout afin de mieux se connaître soi-même, car Dieu nous connaîtra assez bien. En présence de Dieu on peut ainsi «déballer» son intimité, alors que dans les dialogues qu'on a dans la vie courante, on est toujours un peu prudent, réservé. Le dialogue d'Augustin avec Dieu est un dépouillement total de l'âme.

Vous dites que saint Augustin nous invite à dialoguer avec nous-même. Ce dialogue que chacun a avec lui-même semble être un point important de l'articulation de votre philosophie. En d'autres mots, pour vous, la philosophie semble commencer par un dialogue avec soi-même. Mais qu'est-ce que c'est que ce «dialogue avec soi-même»?

Le dialogue avec soi-même, ce n'est pas seulement le commencement de la philosophie, c'est une description de l'existence humaine. Autrement dit, nous sommes des êtres qui nous posons toujours des questions, et c'est sans doute ce qui nous distingue, dans le règne animal. On peut s'interroger sur sa propre condition et dès lors la transcender d'une certaine manière: «Qu'est-ce que je fais ici? Quel est le sens de mon existence? Quel est le sens de ma vie?» Mais à qui pose-t-on ce genre de questions sinon à soi-même et à celui qui pourrait nous entendre quand nous nous parlons à nous-mêmes? Il est clair que ce ne sont pas là des questions que l'on peut poser à un maître d'école qui en connaîtrait les réponses. Ce sont des questions qui surgissent d'elles-mêmes, que chaque être humain considère ou réprime. Alors que faire de ces questions, sinon les poser en philosophe? C'est ce que je fais, en tant que philosophe, alors je suis constamment confronté à ces questions. Quoi qu'il en soit, je ne peux pas vivre sans me les poser.

Mais la vie n'est pas que questionnement. Vous venez vous-même d'une famille où on parlait beaucoup de santé et de médecine. Votre père, le docteur Pierre Grondin, est même devenu célèbre après avoir fait la première greffe cardiaque au

Canada. Aussi, pourquoi avoir choisi la philosophie plutôt qu'autre chose?

Ma famille s'occupait en effet de la santé du corps; mais la philosophie, c'est un peu la santé de l'âme. C'est Socrate qui le dit. C'est une façon un peu habile de s'en tirer... Mais trêve de plaisanterie. Je viens d'une famille très, très versée dans la médecine. Outre mon père médecin, ma mère était infirmière, mon frère est médecin, mes oncles et mes tantes sont des médecins ou des infirmières, mon grand-père paternel était médecin et son père aussi était médecin. La pression était très forte pour que je fasse ma médecine. Je ne sais pas si cela m'a vraiment tenté. Je sais qu'indirectement, j'ai eu une certaine «formation» médicale, parce qu'on parlait toujours de médecine à la maison. Cela a toujours été très présent, de sorte que, quand quelqu'un de mes proches se trouve à l'hôpital, je veux toujours savoir quel est son problème et ce que l'on peut faire pour le guérir. Et il n'est pas impossible que ma quasi-formation médicale à titre «d'auditeur libre», si l'on peut dire, ait marqué ma «pratique» de la philosophie. Toutefois, les questions philosophiques me taraudaient, me préoccupaient. Je me suis donc dit: «Il faut commencer par ces questions, et après on verra.» Et comme cela arrive assez souvent, j'en suis resté à mon premier choix.

Mais revenons à vos études de philosophie. Après avoir pris ce virage vers la philosophie, pourquoi avoir choisi d'aller en Allemagne?

Je me suis rendu compte que les meilleurs interlocuteurs en philosophie, c'étaient les grands penseurs, les grands philosophes, les grands esprits. Et dans la période moderne, ceux-ci étaient souvent allemands. C'est comme en musique: les grands compositeurs sont souvent allemands ou autrichiens. On n'a qu'à penser à Mozart, Beethoven, Bach, Schumann, etc. Or, en philosophie, je me suis aperçu très tôt que les grands penseurs du monde moderne étaient des gens comme Kant, Hegel, Heidegger et Gadamer. Le commun des mortels connaîtra peut-être davantage d'autres auteurs comme Marx, Freud ou Nietzsche...

... qui sont tous des Allemands.

... qui sont tous des Allemands! Et qui font tous partie de ma formation. Avec beaucoup d'autres : Wittgenstein, Adorno... Je ne veux pas citer des noms qui seraient peut-être inconnus du grand public.

Mais ce serait une belle occasion de les connaître, en tout cas.

Il y a une grande tradition philosophique en Allemagne, et ce pays est très fier de ses philosophes. Partout en Allemagne, vous avez des *Kantstrasse,* des rues Hegel, comme ici, au Canada, on a des rues Saint-Laurent, Saint-Denis, Laurier...

On aura peut-être une avenue Jean-Grondin, un jour.

Non, certainement pas! Mon père en mériterait une cependant, mais la culture scientifique est ici très sous-développée.

Au début de notre entretien, je disais que vous êtes devenu un grand spécialiste de Gadamer. De quelle façon ce départ de Montréal pour aller étudier en Allemagne s'est-il préparé?

J'ai commencé mes études à l'Université de Montréal avec de bons professeurs et j'ai aussi été influencé par des professeurs européens qui étaient ici comme professeurs invités, dont Paul Ricœur et Pierre Aubenque, que les philosophes de métier connaissent bien. Ces éminents professeurs français m'ont fait comprendre que c'était en Europe – en France, en Allemagne – qu'il y avait les meilleures écoles de philosophie, et particulièrement en Allemagne. Étudier en Allemagne, c'est assez exigeant *a priori,* parce qu'il faut apprendre l'allemand. J'ai trouvé que cela était un défi fort intéressant. J'aime beaucoup les défis. C'est une langue assez difficile ; d'autres langues sont plus faciles à apprendre, comme l'espagnol, l'italien, des langues plus proches du français. Je me suis mis à l'allemand, j'y ai fait des progrès et j'ai par ailleurs obtenu une bourse d'études pour faire un doctorat en Allemagne. J'avais rencontré Gadamer en 1975 ou 1976, au moment de l'un de ses passages à Montréal. Gadamer, ce grand philosophe allemand qui avait alors 75 ans, et qui est mort en 2002 à l'âge de 102 ans. À l'époque, je ne pouvais pas me douter qu'il allait vivre aussi longtemps.

Lui, il avait été l'élève de Heidegger ?

Oui, un élève de Heidegger entre autres.

Est-ce qu'on peut dire de vous, de la même façon, que vous êtes un élève de Gadamer ? Est-ce qu'on peut parler ainsi ?

L'honneur serait pour moi, mais on ne peut absolument pas me comparer à des penseurs d'une telle stature. Je n'ai connu Gadamer qu'alors qu'il était assez âgé. Il était officiellement à la retraite, mais continuait tout de même à donner des cours à l'Université de Heidelberg.

Qu'est-ce qui, chez lui, vous a attiré ? Qu'est-ce qui fait que vous vous êtes intéressé à cette philosophie-là ? Pourquoi ce philosophe ?

Je trouvais chez lui un sens très fort de la tradition, de ce que nous devons aux grands maîtres de la pensée philosophique. Il était lui-même spécialiste de la philosophie grecque et de la philosophie moderne. Il avait particulièrement conscience de la dette que nous avons toujours, dès lors qu'on pense, dès lors qu'on réfléchit, envers de très grands prédécesseurs, envers de très grands maîtres. J'ai toujours apprécié cela chez lui. Et d'autant que nous vivons à une époque née du bouleversement des années 1960 et 1970, où l'attitude dominante consiste plutôt à critiquer (mais au nom de quoi ?) ce qu'on a reçu de la tradition. On est très irrévérencieux envers tous ceux qui viennent d'un certain héritage, particulièrement au Québec. Personnellement, je trouve qu'on va trop loin dans ce sens-là. Il y avait donc chez Gadamer ce respect de la tradition, de la grande tradition, philosophique, littéraire et artistique. Cette idée qu'il y a des vérités que l'on apprend en fréquentant les grands auteurs est centrale chez lui et est conforme à mon expérience de lecteur, de philosophe, de penseur. Il y a chez lui une réceptivité remarquable vis-à-vis de tout ce qui vient de la tradition, et c'est peut-être cela, finalement, qui m'a séduit. C'est ainsi que je présenterais les choses maintenant. Il y avait aussi chez lui une synthèse de plusieurs courants philosophiques qui m'attiraient tous. D'une part, la philosophie grecque (Platon, Aristote), d'autre part, la philosophie moderne (Kant, Hegel), mais aussi des auteurs contemporains comme Heidegger.

Au centre de la pensée de Gadamer, on retrouve l'herméneutique. Vous avez d'ailleurs écrit un «Que sais-je?» sur cette question. Qu'est-ce que ce terme signifie?

L'herméneutique, traditionnellement, c'est la théorie ou l'art de l'interprétation. C'est l'art de bien interpréter les textes classiques.

Il y a de l'interprétation, et des interprétations, dans tout ce que l'on fait, comme dans toute vision du monde. C'est pourquoi on peut dire que l'herméneutique, aujourd'hui, en philosophie, dans les débats contemporains, bénéficie d'une grande attention. On se rend compte qu'on vit dans un monde, comment dire, plein d'interprétations. Or, comment décider de celle qui est juste? Et lorsqu'on interprète, quelle est la part de la projection qui vient de nous et dans quelle mesure peut-on comprendre l'être-même? J'insisterais beaucoup sur cette idée que c'est cet être profond des choses que l'herméneutique nous aide à découvrir.

Puisqu'on ne fait qu'effleurer divers thèmes, je vous pose immédiatement une autre grande question : aujourd'hui, c'est la science qui a réponse à tout et la philosophie ne serait qu'une interprétation subjective de la réalité. Chacun a ses idées, ses opinons, son petit savoir plus ou moins mythique ou mythologique. Comment vous situez-vous face à ce genre d'observations ?

Tout ce que je sais, c'est que la philosophie existera toujours. Et puis il se pourrait qu'elle commence là où s'arrête la science. Je n'ai absolument rien contre la science, qui est absolument fondamentale, elle fournit des réponses à plusieurs interrogations. Mais les questions philosophiques se posent et doivent être posées elles aussi avec rigueur. Et je pense qu'en philosophie, il est possible de déployer une argumentation stricte, claire et rigoureuse. Souvent, la philosophie donne l'impression d'être quelque chose de non rigoureux, de non scientifique. Mais quand on se penche sur les vastes systèmes de pensée philosophique, on se rend compte que ce sont au contraire des réflexions extrêmement rigoureuses, des pensées qui ont le souci, devenu trop rare, de tirer au clair leurs concepts fondamentaux, ce que ne font pas les sciences. Les scientifiques, généralement, présupposent cet ordre de concepts comme allant de soi. Et ce n'est d'ailleurs pas à eux qu'il appartient de s'interroger sur leurs notions fondamentales, la matière, le mouvement, la nature. C'est justement en philosophie qu'il est permis de se pencher sur ces questions. Il y a donc là une rigueur certaine, il y a là assurément une rigueur littéralement élémentaire. En philosophie, on ne peut pas dire n'importe quoi, on a des méthodes très strictes pour étudier l'histoire de la pensée, l'histoire de la philosophie. Mais la réflexion philosophique ne s'exerce pas sans un certain élément de risque (du reste inhérent à l'aventure humaine). On se mouille, quand on fait de la philosophie, on met sa tête sur le billot, comme c'est un peu le cas dans le domaine de la foi, de la religion, dans celui des convictions primordiales. Cela fait partie de ce que c'est d'être humain : on doit s'engager. Notre existence est fondamentalement assujettie à certains choix essentiels dont il faut pouvoir tenter de rendre raison. C'est selon moi à cet exercice que correspond la philosophie : rendre raison de nos choix, de nos convictions fondamentales.

Jean Grondin, je vous cite : «Ma philosophie tient en quelques lignes : vivre sa vie comme si elle devait être jugée.» Une phrase semblable me surprend, parce qu'elle me rappelle un peu les peurs qu'on pouvait avoir quand nous étions jeunes et qu'on nous disait : «Vous serez jugés, au jugement particulier et au jugement dernier, enfin peu importe...» Il y avait une certaine crainte derrière l'idée du jugement. Puis vous voilà qui dites que vivre sa vie comme si elle devait être jugée est une de vos principales convictions philosophiques. Qu'est-ce que cela veut dire au juste ?

C'est une idée qui vient de Socrate. À la veille de sa mort, on lui posa des questions sur le sens de son existence. Il dit alors : «Dans ma vie, j'ai fait mon possible, j'ai tâché de bien faire ce que j'avais à faire, j'ai tâché d'agir dans le sens du bien, parce qu'un jour, disait-il, après notre mort, nous serons peut-être confrontés à des juges qui pourront nous interroger sur le sens de nos actes.» Et il ajoutait qu'on ne savait pas si ce jugement aura lieu, mais que l'espoir d'un dialogue qui se poursuivra après notre vie terrestre était l'un des grands espoirs de notre humanité. «Il faut vivre sa vie comme si elle devait être jugée», revient à dire que nous sommes des êtres qui sommes responsables, dans une certaine mesure, de nos actions et qui sommes déjà à même de juger notre propre existence. S'interroger sur le sens de la vie, c'est par consé-quent poser un jugement sur le bien-fondé de ses actions, sur la légitimité de ses actions telles qu'elles pourraient être éva-luées par des juges dans une vie après la mort, qu'il y ait un tel jugement ou non. Autrement dit, notre existence n'est pas sans être soumise à une capacité, une possibilité d'examen, qui est d'abord une capacité d'examen de soi. Cet examen de soi, à mon avis, correspond à l'activité philosophique, qui n'est pas distincte de la réflexion du commun des mortels. Ce serait une erreur que de croire que la philosophie, même si elle peut paraître abstraite, est une activité à laquelle ne se livrent que des personnes très particulières. Chacun, dans la mesure où il s'interroge sur le sens, le bien-fondé de son existence, fait de la philosophie.

Vous avez écrit un livre que je trouve personnellement un vrai petit bijou philosophique et qui s'intitule *Du sens de la vie*. Si on parlait justement du sens de la vie. Tout le monde en parle : « Il faut que ma vie ait un sens, je cherche un sens à ma vie… » Cela fait aujourd'hui partie du langage commun d'avoir ou de donner un sens à sa vie. Pour vous, comment on peut donner un sens à sa vie ?

D'abord, j'essaie dans mon livre de poser cette question parce que tout le monde en parle, comme vous le dites, mais finalement, personne n'en traite vraiment ou systématiquement. On suppose d'emblée que les philosophes sont intéressés par de telles questions. Or, dans les faits, il y a très peu de philosophes qui se risquent à aborder cette question. Alors je me suis dit : « Allons-y ! Pourquoi pas ? La pire chose qui puisse arriver, c'est que cela ne soit pas remarqué, ce qui ne serait pas grave. » Ce sera peut-être le cas de ce petit livre. Mais c'est le genre d'interrogation qu'on reporte toujours : « Un jour, je vais m'intéresser à cela. Un jour, je vais mettre de l'ordre dans mes convictions fondamentales. Un jour, je dois faire ceci. » Mais à force de toujours différer le débat fondamental, on le reporte aux calendes grecques, et il n'a jamais lieu. On finit par faire autre chose que de se consacrer à la question qui est peut-être essentielle, qui pour moi apparaît essentielle à l'existence humaine, et à la philosophie en particulier.

Alors, comment poser la question du sens de la vie ? Je me suis d'abord interrogé, dans ce livre, sur ce qu'elle voulait dire, avant de risquer une réponse. On dit souvent, en philosophie, qu'on peut se contenter de poser des questions et de toujours les creuser davantage. Je veux bien ; cela fait partie du métier de philosophe. Mais à la longue, on voudrait bien avoir des réponses aux questions de la philosophie dans la philosophie. J'ai donc voulu prendre la question à sa racine, en me demandant en premier lieu si le sens de la vie, c'était nécessairement le sens que nous-mêmes *décidions* de lui donner, de l'extérieur en quelque sorte, comme s'il y avait d'abord une vie dépourvue de direction, et qui ne recevrait un sens que de nos « constructions » (mais d'où celles-ci doivent-elles donc venir sinon de la vie elle-même ?). On donnerait ainsi un sens à sa vie comme si on décidait d'être un artiste et de faire de la peinture. On peut concevoir l'interprétation, et en particulier celle du sens de la vie, de cette manière, mais alors le problème est que cette conception du sens de la vie dépend de l'idiosyncrasie de chacun : on vit dans une société individualiste et chaque vie aura le sens que chacun lui donnera, comme si la vie n'avait déjà pas de sens. Or, est-ce vraiment comme cela que l'on doit poser la question du sens de la vie ? Je crois que s'il en était ainsi, il serait impossible de répondre d'un point de vue philosophique à la question du sens de la vie, parce qu'aucune réponse contraignante ne pourrait être donnée. J'ai donc fait le pari qu'on pouvait se demander s'il n'y avait pas déjà un sens immanent à la vie.

Une direction inhérente à la vie elle-même ?

Une direction inhérente à la vie elle-même. En d'autres mots, que la vie telle qu'on la voit, la vie humaine, mais même la vie animale, est animée d'une certaine tension, de certains espoirs, de certaines attentes. Est-ce qu'il n'y a donc pas là une certaine direction intrinsèque ? Je ne me souviens plus si j'ai dit dans cet ouvrage ce qui m'avait incité à l'écrire. J'étais assis dans mon jardin, un jour, et il y avait dans celui de ma voisine des fleurs de tournesol. J'observais que les fleurs de tournesol, leur nom le dit, se tournaient vers le soleil. Il y avait là un certain mouvement, un mouvement sensé qui allait quelque part, et très sensé pour la survie elle-même de la plante. C'est ainsi qu'il y a dans toute forme de vie une quête de sens, une direction extraordinairement sensée. J'aime beaucoup observer la nature. Cela nous vient peut-être de notre héritage, à nous qui sommes si près de la nature. Un autre exemple qu'il me plaît d'évoquer est celui des oiseaux migrateurs. On les voit entreprendre des périples interminables jusqu'en Amérique du Sud, puis revenir. Qu'est-ce qui les incite à se déplacer ainsi ? Il y a là une sorte de mouvement très sensé. Il est judicieux d'aller dans le Sud l'hiver, dans plusieurs sens. C'est une certaine tension, une pulsion de vie essentielle à la survie de leur progéniture qui les amène à se diriger vers le Sud. C'est ainsi qu'il y a un sens inhérent à la vie. Chaque vie aspire à ce que j'appelle une « sur-vie » et dès lors vers un certain bien. Ainsi le sens de la vie n'a pas à être inventé de toutes pièces. Il ne faut pas nécessairement écrire un livre ou forger un code religieux ou je ne sais quoi pour donner un sens à la vie. Il faut reconnaître qu'il y a déjà, dans la vie en général, une certaine tension ou pulsion nous poussant vers une certaine « sur-vie » ou un mieux-être, vers une vie meilleure. On l'observe chez les animaux à la recherche de nourriture, à la recherche de ceci ou de cela. Pour moi, il est important que le sens ne relève pas uniquement d'une construction, comme on nous le matraque depuis quelque temps. Ce qu'on dit souvent, aujourd'hui, et c'est l'erreur que je cherchais à combattre – mais c'est peut-être trop philosophique –, est qu'« il faut construire le sens, que chaque vie est construction... »

Un sens est déjà donné, d'une certaine façon, mais d'où vient-il ?

Vous dites qu'il est déjà donné! Mais la vie humaine a déjà un certain sens intrinsèque. Le cri d'un nourrisson a un sens; un bébé qui sort du ventre de sa mère crie parce qu'il veut boire. Cela est parfaitement sensé. Il n'y a aucune espèce de construction là-dedans. Il y a donc un sens, il y a une signification, il y a une tension dans la vie qui précède toute réflexion, mais que la réflexion humaine peut articuler, peut mettre en œuvre, peut décrire. L'idée de base est que le sens, c'est d'abord la tension initiale, l'impulsion, la direction... C'est une notion importante du sens. Le sens, ce n'est pas simplement la signification sémantique des mots. Le sens, c'est la direction du vent, d'un courant, la direction vers quelque chose. La direction vers quoi? Vers une certaine survie. Cela a été mon point de départ.

La «transcendance du Bien» est aussi une idée qui revient très souvent dans votre livre. Ça semble très important. C'est comme si, déjà, naturellement, spontanément, on tendait vers un bien-être. Mais il y a quelque chose qui m'étonne également, et c'est la place de l'autre, d'autrui dans votre livre. Et même la place du bonheur. Cela peut paraître relativement commun, surtout dans le cadre du christianisme, que de parler de l'amour du prochain. Philosophiquement parlant, vous revenez beaucoup avec cette idée que, finalement, c'est autrui, notre regard vers autrui, comme le tournesol qui se tourne vers le soleil, qui donne un sens à la vie, n'est-ce pas? Je ne voudrais pas forcer vos textes.

Mais il faut les forcer! Je dirais que toute vie tend à se dépasser elle-même, qu'elle tend vers un certain bien. Cet autodépassement, cette autotranscendance de la vie elle-même – et on admire beaucoup les gens qui parviennent à se dépasser, qui arrivent à accomplir quelque chose, et souvent malgré des conditions très difficiles –, ce dépassement de soi est déjà une ouverture sur l'autre, une ouverture vers l'autre, vers le sens que l'autre donne depuis toujours à notre vie et qu'il nous aide à reconnaître. « On ne vit jamais seul », dit une chanson dont je ne me souviens plus de l'auteur. C'est cela, tout simplement.

Toujours dans votre livre *Du sens de la vie*, vous ne parlez pas vraiment de Dieu. Vous parlez de la recherche du bonheur, d'espoir de relations avec autrui. Comment articulez-vous vos convictions philosophiques et vos convictions de foi ? Peut-on parler d'un passage ?

C'est peut-être sous-entendu dans ce petit ouvrage. Quand on parle du sens de la vie, on présuppose toujours qu'il y a en effet un sens. Cette présupposition du sens, on peut lui donner le nom de foi, on a la foi au sens. Je veux bien qu'on le dise, parce que je ne peux pas concevoir qu'on vive autrement qu'en croyant en quelque chose. On dit qu'on vit présentement dans une société où il y a beaucoup d'incroyance. Mais je ne suis pas sûr que ce soit si vrai. La croyance, la foi, est aujourd'hui très souvent une affaire privée, ce qui n'est pas une catastrophe, parce que cela est déjà inscrit dans le christianisme lui-même, qui se méfie de la foi trop ostentatoire, qui veut s'afficher. Ainsi, que la foi, les croyances soient privées, pour moi, cela n'est pas une catastrophe. Mais je ne comprends pas qu'on puisse vivre en ne croyant en rien. Qu'est-ce qui nous fait vivre ?

Vous êtes donc un croyant : vous articulez votre foi à l'intérieur de la tradition catholique ?

Effectivement, je dirais même que ma « foi » n'a rien de particulier. Je me reconnais dans la foi des croyants. Ce n'est pas à moi qu'il revient d'inventer la foi. D'ailleurs, la foi que j'ai, je l'ai reçue, c'est un héritage. On peut bien sûr se poser toutes sortes de questions, chaque être humain peut s'en poser. Mais je n'ai jamais eu de raisons de rejeter cet héritage en bloc, comme on le fait souvent aujourd'hui. Remettre en question tout ce qu'on a reçu en termes de foi ? Mais au nom de quoi, et pour qui se prend-on? Cela m'apparaît immensément présomptueux. J'ai reçu cette foi et je dois avouer qu'elle est pour moi la présupposition de tout ce que je fais. Je n'ai pas à l'inventer, je n'ai pas à la redéfinir. Je puis dire ce en quoi elle consiste, je puis dire ce qu'elle est, mais elle est là, tout simplement. Je m'imagine mal sans cette foi.

Vous êtes reconnaissant de l'avoir? On sait pourtant que, partout au Québec, depuis une trentaine ou une quarantaine d'années, dans tous les milieux, et peut-être surtout intellectuels, la foi chrétienne a très mauvaise presse et est toujours caricaturée...

Ah oui? Mauvaise presse? Depuis quand faut-il juger la foi d'après un critère aussi douteux? Mais qu'est-ce qu'ils ont à proposer? Le nihilisme? L'absence de foi? L'individualisme pur?

Est-ce que vous êtes choqué par ce discours?

J'avoue que je trouve cela un peu désolant. Je ne sais pas pourquoi on s'en prend à la foi des gens, pourquoi on n'a pas plus de respect pour ceux qui osent s'afficher comme croyants. Cela exige beaucoup de courage aujourd'hui. Mais non... Il y a un état d'esprit qui, assez curieusement – pardonnez l'expression –, jette un peu l'anathème sur toutes les questions de foi, de religion. L'expression «jeter l'anathème» est bien sûr religieuse. On vit actuellement dans une certaine «religion de l'absence de religion». Or, on oublie que cela est aussi en effet une religion: on *croit* qu'il est mieux de vivre sans croyances, sans religion. C'est cela qu'il faudrait rappeler, que cela est aussi une foi. Mais est-ce que cette foi-là aide à vivre? Est-ce que cette foi reconnaît un sens à l'existence, fonde nos existences et permet de fonder ce qu'on appelle la dignité humaine? On a de grands principes comme ceux-là, la démocratie, la dignité humaine, etc. Mais qu'est-ce qui vient fonder cette dignité?

J'aimerais revenir sur des convictions fondamentales que vous énoncez – même sur le plan strictement philosophique –, quand vous dites que «toute philosophie, toute vie se fonde sur un espoir». Cela est une affirmation en accord avec celles qui sont proches de l'espérance chrétienne. Mais dans le fond, comme vous le savez, on est confronté au problème du Mal, à la souffrance sous toutes ses formes. Vous semblez ne pas faire beaucoup de place à cet environnement dur?

En fait, l'un présuppose l'autre. Si on espère, c'est parce qu'on veut que le Mal soit vaincu. Or, l'espoir, c'est l'espoir que le Mal n'aura pas le dernier mot, que la bêtise humaine n'aura pas le dernier mot. Il y a toujours eu des guerres dans l'histoire de l'humanité. Et, croyez-moi, il y en aura encore, hélas! Mais on peut quand même former l'espoir qu'il y en ait moins, voire qu'il n'y en ait plus du tout. C'est cela, l'espoir. Et c'est ce qui m'apparaît essentiel. Le Mal ne peut pas avoir le dernier mot. Si le Mal doit avoir le dernier mot, alors, je ferme mes livres, j'éteins ce micro, je m'en vais chez moi et je fais autre chose! L'être humain vit d'espoir. On vit dans une société qui aime les catastrophes, les apocalypses. Or, moi, mon espoir, c'est plutôt qu'on puisse toujours œuvrer à l'avènement du Bien. Les prophètes de malheur, ce qu'on appelle les pessimistes – tout va mal, tout va mal, tout va mal! –, je ne vois pas ce qu'on gagne à les fréquenter. On invoque parfois, vous savez, l'exemple du nazisme et d'Auschwitz pour nous faire douter de l'humanité et de la civilisation. Or, moi, ce qui m'inspire, c'est que le nazisme ait été *vaincu* et, plus récemment (1989), que le mur de Berlin soit tombé, que l'apartheid ait été aboli, etc. Ici, je suis tenté de dire à l'humanité et à ceux qui œuvrent à son amélioration, à sa «sur-vie»: bravo! Continuez dans ce sens! Vous nous confirmez que la vie a bel et bien un sens.

7

XAVIER GRAVEND-TIROLE
La course au métissage

Un véritable dialogue religieux, un dialogue inter-religieux diront certains, c'est celui qui permet une altération de soi par la parole de l'autre.

Par-delà les dialogues interculturels ou interreligieux, pour Xavier Gravend-Tirole, le métissage des religions est la voie de l'avenir pour la construction d'une humanité de paix. À tout juste plus de 30 ans, Xavier a fréquenté les bonnes et les grandes écoles : Brébeuf et McGill au Québec, Harvard aux États-Unis, et l'Institut catholique en France. Né au Québec de parents français, Xavier a parcouru l'Europe, l'Inde et le Moyen-Orient. Doctorant en théologie à la fois à l'Université de Montréal et à l'Université de Lausanne, il est aussi très engagé dans différents organismes, dont le Relais Mont-Royal.

Titulaire en 2008 d'une bourse de la Fondation Pierre Elliott Trudeau; on dit de lui, sur le site Web de la Fondation : «Ayant rencontré des personnes dont les croyances étaient structurées de manières très variées, Xavier fut profondément impressionné par les formes de métissage qui s'opéraient dans leur vie spirituelle. Il se reconnaît de plus en plus dans la voie des intellectuels publics, à vouloir penser en homme d'action et agir en homme de pensée. Inspiré par des figures comme Gandhi, Martin Luther

Émission diffusée le 26 avril 2007.

King, Desmond Tutu et dom Elder Camara, Xavier est con-
vaincu que le religieux est d'abord porteur de fraternisation,
d'humanité, de générosité et d'estime devant l'autre. »

༄

Être un chrétien engagé, pour un homme, pour un jeune homme de 31 ans, qu'est-ce que c'est?

D'abord, c'est ne pas vivre ma foi seulement de 10 à 11 heures, le dimanche matin... La foi – et disons, croire –, c'est vraiment une manière de vivre. C'est une manière de vivre à la fois en relation avec l'infini, avec l'Absolu, avec le Père, avec la Mère, avec Dieu, et en relation de manière concrète dans ma vie quotidienne. Surtout, je ne prétends pas être parfait, je ne suis pas du tout le croyant modèle. Le croyant modèle, pour moi, c'est le Christ – c'est Iéschoua –, c'est le rabbi de Galilée, et j'essaie de le suivre tout au long des 24 heures de chaque journée, en prenant des temps pour moi-même, des temps de méditation, de prière, mais également en m'engageant pour certaines causes de justice sociale ou en travaillant dans ma communauté chrétienne, si on peut l'appeler ainsi, le Relais Mont-Royal.

Le Relais Mont-Royal?

À l'appel du cardinal Jean-Claude Turcotte, nous nous sommes rassemblés, quelques jeunes de 18 à 35 ans, et nous nous sommes posé des questions comme « Qu'est-ce qui nous interpelle? Qu'est-ce que nous recherchons? Pourquoi sommes-nous chrétiens? » Et puis au bout de cette réflexion, qui a duré un an, a surgi ce Relais Mont-Royal, qui est un lieu de fraternité, un lieu de communauté chrétienne où l'on se rassemble pour célébrer l'Eucharistie, un lieu également de contemplation. Pour moi, c'était très important et ça l'est toujours; le silence, la dimension contemplative, au sens mystique du terme, prendre le temps de se présenter devant Dieu sans avoir grand-chose à lui dire. Peut-être même en étant parfois énervé, ou fatigué, peu importe. Se présenter à lui et dire « Me voici », se placer en Sa présence. Pour moi, c'était très important de vivre ça en communauté avec d'autres jeunes, parce que nous sommes très dispersés sur l'île de Montréal. Cette réalité sociologique d'être une minorité de jeunes dans l'Église fait que nous devons nous retrouver ensemble autrement pour rendre le christianisme plus signifiant dans nos vies et pour nos contemporains.

Puisque nous avons commencé l'entretien en parlant d'engagement concret, parlez-moi de cet événement au nom poétique que vous avez organisé : la Journée des marguerites.

La Journée des marguerites, c'était une occasion de commémorer autrement le cinquième anniversaire des événements du 11 septembre 2001, depuis lesquels, malheureusement (pour avoir étudié les religions depuis plus de 10 ans), j'entends beaucoup les gens me dire que les religions n'amènent que la guerre. Certains disent que, sans les religions, nous serions beaucoup plus tranquilles. Mais nous ne nous mettons pas assez à l'écoute du message pacifique des religions. D'une certaine manière, c'est normal, puisqu'un arbre qui tombe fait beaucoup plus de bruit qu'une forêt qui pousse. L'idée des marguerites, c'était donc l'idée d'écouter les fleurs qui poussent, et ça, ça prend de l'attention, car ce n'est pas un bruit qui s'impose à nous. C'est à nous à porter attention à ces petits germes, à ces petites pousses qui sont là, présentes dans nos sociétés, et pour lesquelles beaucoup d'hommes et de femmes de foi s'engagent. Nous pourrions prendre de grands exemples comme Martin Luther King, Gandhi ou d'autres, qui se sont engagés au nom de leur foi, mais je pense qu'au quotidien, il y a beaucoup d'animateurs de pastorale et de bénévoles qui œuvrent dans les hôpitaux, dans les prisons, et qui travaillent eux aussi pour un monde de paix au nom de leur foi. La Journée des marguerites voulait souligner cet aspect-là des religions.

Vous définissez-vous comme un idéaliste ?

Oui, si on veut, mais je ne veux pas utiliser ce mot, parce que je trouve qu'il est piégé. Je n'ai pas de solution toute faite. Les idéalistes ont trop souvent une idée de ce que devrait être le monde, et je n'ai pas ce genre d'idées. Je rêve que ce monde soit meilleur – ça oui –, mais je ne suis pas un rêveur dans les airs et idéaliste. Alors la question est : « Comment arriver à faire la paix dans le monde ? » Je pensais que cette question relevait des sciences politiques, que j'ai d'abord étudiées, alors qu'on y enseigne plutôt comment gérer le bien commun. On y lit Machiavel ou Hobbes, qui ne donnent pas de solutions pour instaurer une paix réelle dans la société, mais plutôt des moyens pour la contrôler, et parfois pour la manipuler. En étudiant plutôt les religions, j'ai trouvé une idée toute bête mais ô combien ! fondamentale : pour voir la paix naître dans le monde, il faut la faire naître en soi.

Comment s'est effectué ce virage ?

Concrètement, j'ai pris un cours sur l'hindouisme et le bouddhisme, à ma première session à McGill, et un cours en théorie politique. Mais les théories politiques me furent très rébarbatives. En fait, je trouvais qu'elles allaient partout et nulle part à la fois, alors que le cours sur l'hindouisme et le bouddhisme me donnait des éléments de réflexion proches de ma tradition chrétienne et, en même temps, très lointains, à d'autres égards, en nourrissant justement la soif spirituelle que j'avais déjà découverte auparavant par d'autres engagements. C'est par ce cours sur l'hindouisme et le bouddhisme que je me suis rendu compte que, finalement, et sans doute de manière plus mystique que cosmologique sans pouvoir comprendre pourquoi, les religions convergent. Elles travaillent toutes au mieux-être de chacun. Toutes les religions veulent en arriver à instaurer la paix, l'harmonie, la sérénité et la concorde dans le monde, et on propose la compassion pour chemin. Maintenant, je ne voudrais pas être simpliste et dire que toutes les religions se ressemblent ou se valent, ça c'est vraiment une autre question. Au contraire, elles ont chacune leur compréhension du monde, leur vision du monde, leur cosmologie qui teintent fortement les réponses et la structure du chemin par lequel on peut accéder à cette paix. Mais l'intention ultime, je pense, pour l'avenir du monde, demeure assez similaire d'une religion à l'autre. Et à partir de cette intention ultime, j'ai réalisé que, finalement, étudier les religions m'apportait beaucoup plus, pour participer à ce mieux-être du monde, que d'étudier les sciences politiques.

Vous avez aussi été confronté à des questions philosophiques plus existentielles ?

Vers 1995, au temps où j'étais à Brébeuf – et je nomme Brébeuf intentionnellement parce qu'il y a eu à cette époque plusieurs cas de suicides dont on n'a pas beaucoup parlé –, il y a eu autour de moi quatre, cinq, six amis ou connaissances qui se sont enlevé la vie, et ça m'a très fortement interrogé. Je lisais alors Albert Camus et, dans *Le Mythe de Sisyphe*, la question philosophique la plus importante, c'est le suicide. Et puis je me répétais des questions comme : pourquoi est-ce que je ne veux pas me suicider ? Qu'est-ce qui me tient en vie ? Qu'est-ce qui me donne le goût de vivre ? Qu'est-ce que je viens faire ici ? Et j'ai découvert par les autres religions qu'il y avait d'autres réponses que celles données en Occident. Elles n'allaient pas remplacer ma foi, mais elles allaient la compléter et aussi me permettre d'approfondir ma propre tradition chrétienne, de creuser et de trouver d'autres réponses dans cette tradition. Ce n'est donc pas nécessairement aller prendre quelque chose

chez l'autre et le ramener chez soi, il faut aussi se laisser interroger par l'autre et dire : «Tiens, je n'avais pas vu par là…
Qu'est-ce qui se passe?» Pour moi, cette question du suicide
a donc été très importante. Tout comme une autre question,
dont je peux parler aujourd'hui, car j'en suis assez libre. Je me
suis demandé : «Est-ce que je ne serai pas prêtre?» C'était là
une question très personnelle, à l'époque. Je préférais ne pas
en parler. Aujourd'hui, je sais que je ne serai pas prêtre, et je
suis très à l'aise de le dire, mais ce questionnement qui a duré
plusieurs années a aussi été l'occasion, en découvrant les
autres religions, de mieux les comprendre. Alors quel était cet
appel un peu fougueux ou radical que je pouvais ressentir à
m'engager complètement à la suite de Iéschoua?

Vous avez plutôt entendu «l'appel du large», si je puis dire.

De fait, à la fin de mes études, je me suis rendu compte que
j'avais beaucoup lu sur les religions, mais je ne les avais pas
éprouvées : je n'avais pas encore rencontré de gens qui vivaient
dans ces religions. Je suis donc parti en voyage avec différents
objectifs ou différents espoirs, notamment, sur le plan intérieur, de m'interroger plus à fond sur ce que Dieu attend de
moi – ce qui était fondamental pour moi –, et de mettre en
perspective cette tradition chrétienne à laquelle je m'identifie.
Il s'agissait donc de visiter, avec une vision historique, sociologique, philosophique – mystique! –, les différents lieux qui
ont marqué l'histoire de la chrétienté depuis 2 000 ans. Je
suis allé en Espagne, en Italie (à Assise), en Grèce (au mont
Athos) et à Istanbul. J'ai marché dans les pas de Paul, puis de
Iéschoua, je suis aussi allé en Judée, en Galilée et dans les
déserts d'Égypte pour voir comment cette tradition chrétienne se vit maintenant. Je voulais aussi découvrir les autres
religions, aller dans leurs lieux sacrés, dans les temples, les
mosquées, les ashrams, les synagogues, et rencontrer les gens,
plutôt que de me confiner aux livres. Rencontrer les gens

qui vivent de leur foi et me laisser interpeller par leur mode de vie.

Xavier, puis-je oser une petite remarque, en passant, à la fois très concrète et très personnelle, mais qui peut nous venir à l'esprit? Pour voyager un an et demi partout dans le monde, après des études à Brébeuf, à McGill, à Harvard et à l'Institut catholique de Paris, il faut beaucoup d'argent, non?

Je suis indépendant de mes parents depuis l'âge de 19 ans. J'ai travaillé pour payer mes études. Enfin, j'ai été un peu aidé pour mon bac, mais pour payer mon appartement. Pour mon voyage, quelqu'un est venu me demander comment j'allais payer. J'ai répondu que j'avais quelques économies et puis que je pensais travailler en Israël. Cette personne m'a alors dit que je pouvais demander des fonds à tel organisme… Je puis le dire, ce n'est pas un secret, ce sont les Pères de Sainte-Croix, qui m'ont encouragé en me disant que mon parcours était intéressant. Ça a été la même chose pour aller étudier à Paris. J'avais besoin d'argent, alors on m'a aidé et surtout fait confiance. J'ai eu beaucoup de chance, mais je pense que, jusqu'à un certain point, on fait sa chance. Je leur en suis tout de même extrêmement reconnaissant et c'est peut-être pour ça que j'ai encore plus le goût de m'engager. Parce que c'est une roue qui tourne. Ce qu'on reçoit, il ne s'agit pas nécessairement de le rendre à la personne qui a donné, mais ce peut être à d'autres. Je me sens fortement appelé à partager tout ce que j'ai reçu depuis que je voyage et que j'étudie. Pour moi, plus on est privilégié dans la vie, plus on est appelé à donner de soi pour le monde.

Vous avez écrit, dans quelques textes que vous avez produits çà et là: «L'identité de soi se reçoit d'un autre.» Que voulez-vous dire par là?

L'identité, pour moi, se construit par les relations, et on a tendance à trop l'oublier dans nos sociétés démocratiques.

Enfin, sans vouloir détailler la généalogie philosophique de ce concept, il est important de réaliser que nous ne sommes pas comme des atomes libres de tout. Nous naissons dans une famille, nous naissons d'une mère, du ventre d'une mère. Ainsi, dès le départ, à l'aube de notre existence, on est déjà en relation avec quelqu'un. Et par la suite, comme nul n'est une île, on ne peut s'isoler du monde. Bâtir son identité, sur le plan spirituel, réside donc dans cette même optique d'une relation à Dieu ou, pour un chrétien, d'une relation à Iéschoua – je préfère Iéschoua à Jésus, c'est son nom en araméen. C'est être en relation, finalement, avec un Être qui balise ma propre identité en m'aimant.

Comment Dieu vous a-t-il aidé à trouver votre identité? Allons-y peut-être un peu concrètement. Vous avez toujours été croyant dans votre enfance, dans votre adolescence?

Je pense que j'étais déiste au départ, sans le savoir. J'étais déiste dans la mesure où je me disais: «Il y a un absolu quelque part, il y a une transcendance à voir la beauté des paysages…» Mais je n'étais pas encore chrétien. Honnêtement, je pense que c'est plus avec le Relais Mont-Royal, en fréquentant les Évangiles, que je me suis christianisé. Avant, je l'étais peut-être, mais un peu, comme ça, superficiellement… Je ne suis pas issu d'une famille croyante, mon frère n'a pas été baptisé alors que mon demi-frère l'a été, on n'a jamais été à l'église en famille le dimanche… Peut-être à Noël, une ou deux fois, mais ce n'est pas dans la mentalité de mes parents. C'est finalement plus par une recherche vraiment personnelle, à 13-14 ans, que j'ai commencé à m'intéresser un peu plus aux communautés chrétiennes, mais j'avais déjà une foi en l'Amour, en la Vie, en quelque chose de très diffus. Et c'est en rencontrant Iéschoua dans les Évangiles, en rencontrant cet homme historique, qu'il ressuscite.

Je renverse la question que je vous ai posée : comment avez-vous découvert l'identité même de Dieu ? Vous insistez sur Jésus, mais en tenant à l'appeler Iéschoua. Pourquoi cette insistance, et surtout pourquoi Iéschoua ? **J'aimerais savoir pourquoi vous tenez absolument à l'appeler Iéschoua, et non pas Jésus, mais surtout comment ce Iéschoua vous a fait vous découvrir vous-même, et quel Dieu il vous a fait découvrir ?**

Pour commencer d'abord avec Iéschoua, ses disciples et ses amis l'appelaient peut-être par l'abréviation de son nom – Yshu –, qui a donné Iesou en grec, Iesou en latin, et Jesu en espagnol. Ça a été une transformation du nom qui est très belle puisqu'on s'inculture dans une langue, mais qui nous fait perdre justement son caractère historique. Il était un rabbi de Galilée, et il n'était pas blond aux yeux bleus, comme on peut le voir sur certaines peintures. Il était un Palestinien, un Galiléen, enfin, un Juif du Ier siècle, dans son patelin, et était donc très marqué par sa culture, très marqué par la société et par le contexte politique de son époque. Ça aide beaucoup, je crois, à lire son histoire, et à comprendre cette révélation de Dieu. Comment lui, dans son contexte, a-t-il appris à traiter, à négocier avec l'occupant, avec les autorités religieuses de son époque, et quelle était sa réponse ? Et j'enchaîne déjà sur la deuxième question concernant Dieu, la réponse était : « Dieu s'identifie aux plus pauvres, Dieu s'identifie aux exclus, il s'identifie aux laissés-pour-compte. » Je trouve cela fondamental, parce que ce n'est pas seulement dire « Dieu est Amour » ou mettre un qualificatif à Dieu, c'est dire : « Dieu, dans sa nature même, est Amour, est pauvre… Ainsi, quand le Christ dit les Béatitudes : « Heureux les pauvres, le Royaume de Dieu est à eux… », il est pauvre lui-même ! Iéschoua lui-même s'identifie comme pauvre, s'identifie à cette fragilité, à cette vulnérabilité, à cette humilité. Il ne s'impose jamais à l'autre et c'est dans ce sens-là, je pense, qu'on arrive à mieux relire la crucifixion, qu'on peut la relire de manière théologique en disant: «Il fallait qu'il meure sur la croix pour nos péchés...» Comme le dit aussi Paul. Mais, sans entrer dans les grands discours théologiques, je crois qu'il est mort sur la croix parce qu'il était convaincu que seul l'Amour pouvait sauver le monde. Seul l'amour, c'est-à-dire la non-violence, l'amour qui croit en l'être humain et qui signifie: tu peux me frapper, mais je crois encore en toi et je te tends encore la main, ou l'autre joue, et je vais toujours rester près de toi, malgré toutes les méchancetés que tu peux avoir commises, parce que je sais que tu n'as pas conscience de ta méchanceté. J'aime parler de la fragilité de Dieu, car il ne s'agit pas de dire que Dieu est faible au sens de déficient, mais qu'il est délicat, éminemment amoureux de l'être et donc sans violence aucune dans sa manière d'être. Dieu est tout-puissant certes, mais dans son amour, dans son pardon, dans sa confiance en l'être humain. Pardonner, ce n'est pas être faible, pardonner, c'est être plus fort que la violence qui est en soi. C'est dire: «Non, cette violence ne régnera pas en moi.» Au contraire, c'est une preuve de confiance en l'autre, de confiance en l'humanité, une confiance dans le fait que l'Amour finira bien par remporter le match.

Vous êtes un chrétien convaincu ayant une foi centrée sur «Iéschoua», comme vous dites, ou Jésus de Nazareth, mais vous vous considérez aussi comme un «artiste des religions» et vous choisissez le terme métissage pour qualifier votre approche, plutôt que dialogue interreligieux ou approche interculturelle. Comment ce métissage-là n'est-il pas tout simplement du syncrétisme ou une espèce de nouvelle religion à la carte où vous puisez dans chacune d'elles ce qui pourrait vous intéresser?

D'abord, différencions ce métissage dont je parle du dialogue interreligieux. Dans le dialogue qui se pratique depuis une quarantaine d'années, depuis Varican II, on s'est rendu compte que chacun reste sur ses positions. C'était très poli, comme rencontres : chacun disait ce en quoi il croyait et ce en quoi il ne croyait pas. Il pouvait parfois y avoir un débat d'idées sur certains sujets, puis on faisait un peu de religion comparée, mais il n'y avait à ce stade-là que très peu d'altération, et je choisis sciemment le mot altération, parce qu'il comprend la racine *alter,* autre. Rencontrer l'autre, c'est aussi se laisser «altérer» par l'autre. Un véritable dialogue interreligieux, ou un dialogue intrareligieux, diront certains, c'est celui qui permet une altération de soi par la parole de l'autre. On revient à l'idée d'une relation fondamentale où j'accède à mon identité par mon rapport à l'autre, où je me découvre moi-même, et où je vais être déplacé, peut-être même insécurisé, dans ce que je vais découvrir de moi et de l'autre. Mais c'est à travers cette rencontre-là qu'on grandit.

Excusez-moi, Xavier, mais j'ai un peu de difficulté à vous suivre. Est-ce que vous pourriez me donner quelques petites illustrations concrètes ?

Par exemple, dans un dialogue judéo-chrétien, pour les juifs, l'interprétation, la dimension herméneutique de l'acte religieux est très importante. Lire la Bible, ce n'est pas lire la Bible à la lettre, ce n'est pas recevoir la Torah telle qu'elle est écrite, c'est l'interpréter pour aujourd'hui, et c'est donc en débattre. C'est aussi en examiner les aspérités. C'est pouvoir dire : «Qu'est-ce que c'est que ça ? » En tant que chrétien, je peux entendre cela et dire : «Très bien, nous, nous avons quatre Évangiles qui sont un peu différents, mais nous nous arrangeons avec ça. Et puis il y a le magistère romain qui les interprète, et nous pouvons simplement faire confiance à cette vision.» Mais non ! Je peux aller plus loin et me dire : «Attention, quelle est cette herméneutique ? Quel est cet acte d'interprétation que je peux également cultiver dans ma propre foi ? Alors là, tout à coup, je vois que ces quatre Évangiles sont une richesse me permettant de voir les différentes théologies pouvant émerger du message de ce Iéschoua de Nazareth. C'est un petit exemple pour dire que je me laisse interroger et que j'incorpore dans ma manière de faire et d'être, une pratique propre à l'autre.

Ce que j'étudie plus particulièrement, actuellement, c'est comment des Indiens, en Inde, voudront peut-être se réapproprier la tradition spirituelle hindoue du yoga, par exemple, et dire : «Nous, nous voulons devenir des yogis chrétiens.» En d'autres mots, ils pratiqueront peut-être le yoga – et ce n'est pas seulement le hata yoga, ou des exercices physiques, c'est aussi de la méditation, c'est aussi le karma yoga, qui est de rendre service (enfin, il y a huit types de yogas) –, en disant : nous voulons pratiquer une spiritualité yogique intégrée à notre manière d'être des chrétiens. Est-ce du syncrétisme? Je préfère parler de métissage, parce qu'il s'agit réellement de la rencontre de traditions distinctes qui dialoguent avant de s'influencer petit à petit l'une et l'autre. D'après ce que j'ai pu lire, on définit davantage le syncrétisme comme étant une fusion un peu imparfaite et un peu disparate de différents éléments. C'est un peu comme du bricolage, alors que le métissage se fait à partir de deux traditions plus déterminées qui se rencontrent. Mais le métissage existe déjà, le christianisme n'est-il pas le résultat, ou le métissage, en quelque sorte, de la culture gréco-romaine et du message religieux juif du Ier siècle de notre ère?

En terminant, Xavier, dans un contexte de métissage, comment vous entrevoyez la pertinence du christianisme?

Je pense qu'il peut être pertinent, mais en faisant d'abord vraiment le deuil de son triomphalisme. Et, deuxièmement, en apprenant à se mettre au service du monde. *Lumen Gentium*, ce document de Vatican II nous apprend que l'Église n'est pas au service d'elle-même, mais au service du Royaume de Dieu, et cela signifie qu'elle ne doit pas chercher à se préserver elle-même, qu'elle ne doit pas nécessairement préserver ses institutions, mais chercher comment mieux rendre service au monde moderne. Si cela implique du métissage, des métamorphoses profondes pour le christianisme, n'ayons pas peur.

Ce n'est pas en nous raidissant sur notre identité que nous nous rapprocherons de Dieu, mais en nous mettant à l'écoute de son Esprit qui nous précède.

8

BERNARD SENÉCAL
En compagnie de Gautama et de Jésus

> Puisque la réalité est Une, je ne vois pas pourquoi le
> Bouddha et le Christ – qui étaient des personnalités
> religieuses exceptionnelles –ne pourraient pas être mis
> sur le même pied, selon qu'on est chrétien ou bouddhiste.
> Je ne vois pas pourquoi ils devraient être mutuellement
> exclusifs.

Jésus le Christ à la rencontre de Gautama le Bouddha : identité chrétienne et bouddhisme, *tel est le titre de la publication la plus importante de Bernard Senécal. Ce livre a été publié aux Éditions du Cerf, à Paris, en 1993. C'est le récit du parcours spirituel d'un jésuite français qui est né et a vécu au Québec les 20 premières années de sa vie. Au terme de ses études au Collège Brébeuf, Bernard Senécal s'est dirigé vers Bordeaux pour y faire des études de médecine, mais il est entré chez les Jésuites, dans la Province de France de la Compagnie de Jésus. Après des études de philosophie et de théologie, Bernard Senécal s'est initié à la culture asiatique et aussi, bien sûr, au bouddhisme, assez sérieusement pour songer même, à un certain moment, à quitter la Compagnie de Jésus pour se faire moine bouddhiste. Mais sa réflexion s'est prolongée. Il a plutôt choisi, tout en restant jésuite, d'être à la fois bouddhiste et chrétien, de concilier sa foi en Jésus-*

Émission diffusée le 13 septembre 2007.

Christ et sa foi en Gautama le Bouddha. Il enseigne le boud-
dhisme coréen à l'Université des Jésuites, à Séoul, et il continue
d'être très engagé dans la construction d'un rapprochement entre
le bouddhisme et le christianisme. Il anime des sessions et des
retraites, en France et au Québec, pour des participants qui, tout
en pratiquant le zazen, réfléchissent et méditent sur l'Évangile
et les exercices de saint Ignace.

∾

Bernard Senécal, une étape assez surprenante, dans votre par-
cours, est le passage de vos études de médecine à votre entrée
chez les Jésuites.

À l'âge de 25 ans, j'ai décidé d'entrer dans la Compagnie de
Jésus parce que j'éprouvais un appel très fort, d'une part,
l'appel de quelque chose d'irrésistible, et, d'autre part, parce
que les réalités auxquelles j'étais sans cesse confronté en médecine – la naissance, le vieillissement, la maladie et la mort – ne
trouvaient pas du tout de réponse. Il y a des situations devant
lesquelles les médecins sont complètement impuissants. C'est
une lapalissade, ce que je vous dis là, mais je ne pouvais plus
demeurer devant des situations auxquelles je ne trouvais
aucune réponse.

Et comment on explique un tel passage d'une constatation
d'impuissance à une entrée dans une congrégation religieuse
comme celle des Jésuites?

C'est que, en moi-même, je me disais: «Je suis en médecine,
j'aime ça, j'ai la cote auprès des filles pour qui je suis destiné
à devenir un bon parti, je fais un travail intéressant, j'ai accès
aux gens, à leurs secrets», mais cela ne me rendait pas heureux. Voilà! J'avais tout pour être heureux, mais je ne l'étais
pas. Alors à un certain moment, j'ai réalisé que ça n'était plus
ça. J'ai commencé à me sentir en crise, alors je ne pouvais plus

différer une prise de décision. J'ai arrêté, à la faveur d'une retraite dite «de choix de vie», et cela a été fulgurant! J'ai compris clairement que je ne devais plus persévérer dans cette voie. Beaucoup m'ont dit: «Mais t'as perdu la tête, t'es fou, tu fais une erreur que tu vas regretter toute ta vie!» Cela fait 28 ans et je n'ai toujours pas regretté ce choix. Je ne l'ai pas regretté une seule fois. Mais je regretterais beaucoup de ne pas l'avoir fait.

À ce moment-là, quel était la place du Christ dans votre vie?

C'est un personnage qui a vécu il y a très longtemps, dans un coin de la planète que nous connaissons mal. Je me suis donné la peine de faire sept fois des voyages au Proche-Orient pour essayer de mieux comprendre le contexte dans lequel a vécu le Christ, Jésus de Nazareth. C'est un personnage qui m'a très profondément fasciné, et je n'arrive toujours pas à dépasser cette fascination. Je vis encore dans l'orbite de cette fascination. Ce n'est pas parce que le bouddhisme est pour moi un «partenaire de dialogue», un objet d'étude qui ne cesse de me transformer, ou parce que le bouddhisme est une tradition extraordinairement riche que je m'éloigne pour autant de mes racines chrétiennes. J'apprends à les repenser, j'apprends sans cesse à me laisser dépouiller dans mon intelligence personnelle du mystère du Christ.

Et cette connaissance du bouddhisme, elle est venue après vos études de philosophie et de théologie chez les Jésuites?

Je souhaitais me consacrer à l'étude d'une grande civilisation, qui aurait tout aussi bien pu être le monde musulman, la civilisation chinoise ou, à l'époque, le monde soviétique. On m'a proposé d'aller en Extrême-Orient, plus précisément dans un pays qui s'appelle la Corée du Sud. J'ai accepté avec enthousiasme parce que ce pays avait l'air très intéressant, étant situé entre la Chine, le Japon et l'Union Soviétique et avec, au nord, un voisin que certains qualifient d'«État voyou», un bastion du communisme vraiment imprenable, la Corée du Nord. De plus, il y avait des troupes américaines : il y a 35 000 soldats américains stationnés sur des bases en Corée du Sud. Je me suis donc dit qu'un pays comme celui-là, ça ne pouvait être que très, très intéressant. Et la réalité n'a pas démenti ce que j'avais pressenti.

C'est à ce moment-là que vous vous êtes ouvert au bouddhisme ? Pourquoi ?

Ça ne se fait pas du jour au lendemain. Quand on débarque dans un pays comme la Corée du Sud, on s'aperçoit qu'on n'a plus aucun repère. Les Coréens ne pensent pas deux choses comme nous. Il faut commencer comme un petit enfant, en fait. Il faut s'acclimater à cette culture, et ça demande énormément de temps. Je me suis donc consacré à l'étude du coréen pendant trois ans. Une fois que j'ai commencé à connaître un peu la langue, je me suis dit qu'il me fallait découvrir un peu la culture. Le coréen, ce n'est pas seulement du vocabulaire et des règles de grammaire : c'est un univers culturel très riche. Alors je me suis mis à étudier les différentes religions qui façonnent ce qu'on peut appeler mon identité coréenne : le chamanisme, une sorte d'animisme, la religion primitive, le taoïsme, le bouddhisme, le confucianisme. De façon beaucoup plus tardive, à partir du XIXe siècle, est arrivée la tradition chrétienne. Maintenant, la Corée est un des pays les plus christianisés d'Asie, avec 25 % de chrétiens. Mais, en étudiant ce fond religieux, j'ai constaté qu'il y avait des gens qui réalisaient des choses très intéressantes. Qu'il n'y avait pas que le mystère chrétien, il y avait d'autres traditions qui tenaient la route et qu'il fallait étudier. Comme on ne peut pas tout faire, j'ai commencé à me spécialiser dans l'étude du bouddhisme.

À la façon dont vous parlez, on a l'impression que le bouddhisme, ou votre étude du bouddhisme, relevait plutôt d'un intérêt ou d'une curiosité intellectuelle : vous vouliez savoir ce qu'il y avait dans cette religion ?

Oui, mais là, je crois que vous êtes un subtil interviewer qui me tend un piège... Le bouddhisme, ce n'est pas que de l'intellect. Si certains se disent volontiers « bouddhologues » et se plaisent à l'étudier d'un strict point de vue intellectuel, tant mieux pour eux, mais le bouddhisme est une tradition qui repose sur l'expérience, l'expérience de la vérité telle qu'elle est professée par le Bouddha, le Bouddha historique. C'est une tradition spirituelle extrêmement forte et au sein de laquelle la méditation occupe une place primordiale. On ne peut pas vraiment entrer dans le bouddhisme sans passer par la méditation, sans passer par la fréquentation de communautés bouddhistes. C'est quelque chose qui touche toute la personne, on ne peut en rester à l'étude strictement intellectuelle.

Et pour vous-même, comment s'est passée cette entrée existentielle, si l'on veut, dans le bouddhisme, dans la méditation, d'une façon bien concrète ? Par exemple, vous vous êtes mis à méditer, mais on sait qu'on peut méditer plusieurs heures par jour, et on pourra parler plus tard de ce qu'est la méditation bouddhiste, mais comment est-ce entré dans votre vie ?

La première des choses est que j'ai commencé à rencontrer des moines. Il y a des milliers de temples en Corée. Alors j'allais frapper à la porte des temples. J'actionnais la sonnette, je disais que je voulais parler avec le moine en chef. J'avais beaucoup de culot, et j'avoue que je n'étais pas toujours bien accueilli, mais j'ai été souvent très bien reçu. De cette façon, j'ai commencé à percevoir certaines choses. Ensuite, quelqu'un m'a parlé d'un très bon livre qui s'intitule *Une initiation bouddhiste*, de Walpula Ulla, un moine du Sri Lanka, en me disant : « Lis ça, c'est le meilleur ouvrage qui ait jamais été fait sur le bouddhisme. » Puis il m'a dit : « Va en Inde. »

Vous avez donc fait cette retraite en Inde, dix jours, à onze heures de méditation par jour, et c'est cela qui a provoqué un bouleversement dont vous n'êtes pas encore sorti ?

Complètement ! Mais là encore, vous me taquinez. Je dirais que je ne m'en suis jamais complètement remis, et heureusement ! Je ne suis assurément plus celui que j'étais ! Pour aller à l'essentiel, disons que je ne peux plus penser mon existence chrétienne, mon existence de prêtre catholique et de religieux jésuite hors d'une relation avec le bouddhisme, hors d'un dialogue constant avec le bouddhisme. Ce n'est pas pour rien que, par la suite, j'ai continué à méditer. Je me suis trouvé un maître, qui m'a même remis un certificat de compétence, si je puis dire, pour que je travaille comme il le fait. Parce qu'il souhaite que j'enseigne à d'autres ce que lui-même m'a enseigné, en dix ans, à son école. Ensuite, je me suis lancé dans des études doctorales sur le bouddhisme.

Vous dites « au bout de dix ans à son école »... Il serait un peu ridicule que je vous demande de me résumer ça en 10 minutes, mais j'aimerais quand même savoir : quel était l'essentiel de cet enseignement ? Qu'est-ce que c'est que la méditation bouddhiste ?

Pour en parler, il faut parler de la doctrine bouddhiste. Le but de la méditation bouddhiste, c'est de conduire quelqu'un à l'état d'être éveillé. Et un être éveillé, c'est un être qui peut voir la réalité telle qu'elle est. Le bouddhisme tient pour acquis que les êtres dits ordinaires ne voient pas la réalité telle qu'elle est, qu'ils sont dans l'illusion. Je vous parlais tout à l'heure de l'univers visible que nous voyons, mais qui repose en fait sur un autre univers, qui est invisible. Si on ne voit que l'univers visible et qu'on ne connaît pas l'univers invisible, on ne peut pas dire qu'on connaît vraiment l'univers visible. Il faut aussi connaître le revers de la réalité pour savoir ce qu'elle est dans son ensemble. Alors l'objectif du bouddhisme est très simple en fait : c'est de nous amener à percevoir la réalité qui se pose en contrepartie de la réalité à laquelle nous avons affaire sans cesse. Voilà, c'est ce que j'ai fait pendant 10 ans. Mais je ne vais pas vous dire : voilà, ça y est ! J'ai atteint le grand éveil, je suis devenu un bouddha vivant, un bouddhiste *adva,* un saint bouddhiste... Non ! Disons que j'ai beaucoup appris à l'école de ce maître, et cela pendant plus de 10 ans, suffisamment en tous cas pour pouvoir transmettre quelque chose à d'autres.

Vous avez passé quelque cinq ans en Corée du Sud. Si nous revenons à ce moment-là, il y a eu cette retraite de dix jours de méditation intense, cette grande transformation qui a changé votre vie quotidienne. J'imagine que c'est de façon progressive, dans le quotidien, que le travail de transformation s'est fait. C'est un travail de transformation personnel sur les plans ascétique et disciplinaire ?

Je crois que c'est Mircea Eliade, un grand spécialiste des religions qui enseignait à l'Université de Chicago, qui disait que, dans sa vie, on peut, une ou deux fois, vivre l'expérience d'un effondrement à peu près complet de ce à quoi l'on croyait et commencer à rebâtir autre chose qui ne nie pas ce à quoi on croyait, mais qui nous conduit à nous l'approprier d'une toute autre façon. C'est ce qui m'est arrivé. Découvrir le bouddhisme m'a demandé ensuite, au bas mot au moins dix ans de travail, par la méditation, pour retrouver ce que j'appellerais un certain équilibre. Et je ne pourrais pas dire que ma relation bouddhiste, à titre de chrétien et de catholique, est une relation de tout repos. C'est une relation caractérisée par une tension, mais une tension féconde qui conduit vers plus de vie, qui est extrêmement stimulante. En d'autres mots, je ne crois pas à l'endogamie, je crois à l'exogamie !

Qu'est-ce que vous voulez dire?

Je crois que nous avons besoin de grandes rencontres pour être transformés, et cela à tous les points de vue. L'un des drames, à mon humble avis, de l'Église occidentale, c'est qu'elle n'a pas de partenaire qui lui permette justement d'accéder à une façon de se penser qui soit neuve, de se reconstruire. L'Église, en Asie, a été obligée de rencontrer les grandes traditions locales, et elles sont sérieuses : le bouddhisme, ça résiste à la critique ! Alors, dans ma propre vie, le bouddhisme joue ce rôle d'un «partenaire de dialogue» très cohérent, très consistant, et qui m'oblige sans cesse à aller davantage au bout de ce que je suis et à aider les autres à le faire aussi.

Vous venez de parler de tensions qui sont apparues entre votre attachement pour le bouddhisme, qui se concrétisait d'une façon quotidienne, et votre culture catholique, ou votre pratique jésuite. Comment avez-vous vécu cette tension entre deux mondes?

Je crois qu'il est extrêmement important de souligner que mes racines, et vous l'avez bien dit tout à l'heure, sont canadiennes-françaises. Ma langue maternelle est le français et j'ai été éduqué dans une tradition catholique. Comment dirais-je, c'est le moule dans lequel j'ai été formé ! Mais, à partir du moment où on découvre qu'il y a autre chose, il faut le traiter. Soit qu'on parte en courant et en disant «Cela n'est pas pour moi !», «Tout ça ne vaut pas grand-chose !» ou «Ça ne vaut pas la peine, ce que j'ai est bien meilleur !», soit qu'on accepte de jouer le jeu d'un dialogue. Et ça a été mon cas. Basculer dans l'autre univers est aussi une possibilité, et vous l'avez souligné tout à l'heure. Je me suis en effet déjà demandé : «Est-ce que ce ne serait pas plus simple de me raser le crâne et de devenir un bon moine bouddhiste?» Je ne l'ai pas fait mais, dans un sens, cela aurait été plus facile.

Et pourquoi ne l'avez-vous pas fait?

Parce qu'au fond, je sentais aussi un appel irrésistible à demeurer fidèle à mes racines, tout en m'ouvrant au dialogue. Je crois que c'est ce qui est le plus difficile, mais je crois aussi que c'est ce qui est le plus vrai. Nous sommes des êtres de communication. L'homme, d'un point de vue anthropologique, est fait pour entrer en communication avec d'autres. Les cultures sont dynamiques, elles sont vivantes, elles sont faites pour interagir. Si on considère l'histoire de la planète, il y a bien sûr des bastions de conservatisme, de racisme... Mais l'histoire de la planète est une histoire de brassages culturels extraordinaires. Par exemple, sur le plan racial, c'est à ce point qu'on ne peut plus parler de races pures, il y a des gradients de races. Sur le plan religieux, quand on s'intéresse à l'histoire religieuse de la planète, c'est la même chose, il y a un brassage religieux absolument remarquable. Les traditions religieuses sont vivantes, elles sont en évolution. Alors, demeurer fidèle à l'héritage qui m'a été transmis tout en me laissant enrichir par une autre tradition, je crois que c'est le véritable chemin du dialogue et, je dirais, la voie de l'avenir.

Il est aussi important de dire que l'expérience vécue en Inde en 1990, m'a conduit à me soumettre à l'enseignement d'un maître bouddhiste qui a toujours respecté – ce qui est assez exceptionnel –, le fait que je sois chrétien, et qui s'en est d'ailleurs toujours réjoui. Il m'a même demandé de baptiser son père! Je suis donc allé célébrer une messe au salon funéraire où était exposé son père, quand il est mort, il y a de cela moins d'un an. J'ai aussi choisi de faire des études doctorales sur le bouddhisme que j'ai maintenant terminées. Ma thèse portait sur la tradition bouddhiste coréenne, plus particulièrement sur l'éveil, dans la tradition coréenne. Cela m'a conduit de façon tout à fait inattendue à occuper un poste d'enseignant dans une faculté d'étude des religions, dans une université jésuite située à Séoul. Je ne m'y attendais pas du tout. Je tiens à dire que le travail que j'accomplis essaie de tenir à la fois de la recherche intellectuelle, de la démarche spirituelle qui passe par la méditation et d'un rapport aussi cohérent et consistant que possible à une communauté bouddhiste, ce qui signifie que je me place sans cesse à l'école d'un maître. Tout cela pour faire comprendre que, le bouddhisme, c'est plus qu'un livre que l'on va lire à l'occasion. C'est plus qu'une petite heure de méditation qu'on fait dans la position du lotus, du semi-lotus ou du quart de lotus. Et c'est plus que la visite d'un temple ou le fait de boire une tasse de thé avec un moine. C'est quelque chose de plus systématique que cela. Ça exige toute une vie. Ça exige un engagement intégral. Voilà ce que je veux dire. On ne peut pas tricher avec ça. Je le dis parce qu'il paraît qu'un pays comme la France, suivant les statistiques, compte entre 18 000 et 18 millions de bouddhistes, ce qui est une façon d'affirmer qu'il y a plusieurs bouddhistes à la noix! Plusieurs bouddhistes nominaux qui dans les faits ne connaissent strictement rien au bouddhisme! Connaître le bouddhisme, c'est une voie extrêmement exigeante, et les vrais bouddhistes diront à ceux qui s'y intéressent: «Si vous n'êtes pas ultra-motivés, surtout ne venez pas, nous ne voulons pas de vous!»

Est-ce que vous pourriez donner une idée concrète de cette exigence du bouddhisme. Qu'est-ce qui est véritablement exigeant, qui demande beaucoup? La méditation? L'étude? Le style de vie? L'ascèse? L'alimentation? J'y vais au ras du sol, mais...

Je vais être humble... Qu'est-ce que c'est que d'être chrétien? Qu'est-ce que c'est que de vivre chrétiennement sans nécessairement être un prêtre ou une religieuse, un religieux ou une personne consacrée? Qu'est-ce que c'est que d'être chrétien «au ras du sol»? Vivre de l'esprit de l'Évangile, qu'est-ce que c'est ? C'est quelque chose d'extrêmement exigeant. Les Coréens font une distinction entre les religions. Il y a celles qu'ils qualifient de *soft*, dont les exigences sont minimes – il suffit d'offrir un peu d'argent à l'occasion pour recevoir en retour chance, bonheur et surtout les intérêts de l'investissement. Mais il y a ce qu'ils appellent les religions *hard*, dures, comme le bouddhisme et la tradition chrétienne, qui sont extrêmement exigeantes. Vivre selon l'idéal évangélique est au-delà de nos possibilités humaines, voilà tout. Ceux qui y arrivent sont qualifiés de saints et c'est grâce à la grâce – je fais un pléonasme – qu'ils y arrivent.

Le bouddhisme exige un engagement radical pour devenir un être complètement réalisé. Alors cela peut bien sûr passer par beaucoup de choses. Le bouddhisme est difficile à définir et à comprendre parce qu'on y trouve tout et son contraire. Il y a des gens qui sont assis en méditation 21 heures par jour, tandis que d'autres disent qu'une demi-heure suffit si on est engagé dans la cité, si on est un père de famille, une mère de famille, si on travaille dans une entreprise, si on éduque des enfants. L'ascèse, ce n'est pas de passer des heures et des heures assis en méditation, c'est de méditer au cours de toutes les activités qui composent la vie quotidienne.

Qu'est-ce que l'ascèse bouddhique ? Je pense que c'est d'abord un effort pour comprendre ce que dit cette doctrine. Il n'y a pas de vie chrétienne sans un minimum d'intelligence de la foi, et même le charbonnier a un minimum d'intelligence de la foi. De même, la doctrine bouddhique doit être comprise, mais elle est complexe. J'ai une amie bonzesse qui me disait : « Voilà que j'amorce la quarantaine. Je suis entrée au monastère à 19 ans ; cela fait plus de 20 ans, et je commence à comprendre le bouddhisme. » Personnellement, j'ai tous les jours l'impression de commencer à comprendre le bouddhisme. Mais cette compréhension passe par l'ascèse méditative. Ça n'est pas qu'un exercice intellectuel, ça n'est pas que la lecture de bouquins ; c'est vraiment l'assimilation d'une vérité énoncée, celle qui est énoncée par le Bouddha, mais qui passe par l'ascèse méditative.

Je dirais que le mystère chrétien n'est pas différent. Nous, on nous a fait apprendre le catéchisme par cœur. Je ne le regrette pas, mais ce n'est pas le catéchisme mémorisé au point d'avoir 100 sur 100 à tous ses examens qui fait d'un homme un chrétien. Il faut faire l'expérience de la vérité chrétienne, pas seulement dans la méditation mais dans la vie quotidienne. Or, le bouddhisme n'est pas différent, à cet égard, sauf qu'il s'agit de la vérité bouddhique. Ensuite, on peut parler de régime de vie. Il y a d'abord toute une éthique bouddhiste qui balise tout ce qu'il ne faut pas faire, tout ce qu'il faut faire… Il y a toutes sortes de préceptes, mais sur le plan de la morale, ou de l'éthique, la tradition chrétienne et la tradition bouddhique sont extrêmement proches l'une de l'autre.

N'avez-vous pas écrit un article qui s'intitule « Jésus en zazen » ? Que signifie cette expression ? Qu'est-ce que le zen, par rapport au bouddhisme ?

Le rédacteur de l'actualité religieuse, dans *Le Monde*, à Paris, m'avait en effet demandé d'écrire un article justement intitulé « Jésus en zazen », mais je n'ai jamais écrit l'article en question parce que Jésus n'a jamais été en zazen.

Le zen, par rapport au bouddhisme, c'est le développement du bouddhisme dans une forme nouvelle que l'on nomme *zen*. Or, quelle est cette forme nouvelle ? Bien, c'est la rencontre du bouddhisme indien avec la civilisation chinoise – et plus particulièrement avec le taoïsme et le confucianisme chinois –, qui donne une fleur qui s'appelle le zen. *Zen*, ça veut tout simplement dire méditation, et ça vient du mot sanskrit *dhyana*, devenu *dzen*. En résumé, le zen est la forme de méditation bouddhique qui s'est développée en Chine de la rencontre du taoïsme, du confucianisme et du bouddhisme indien. Cette forme de méditation s'est répandue non seulement en Chine, mais aussi en Corée, au Vietnam et au Japon. Vers la fin du XIXe siècle et pendant tout le XXe, elle s'est aussi répandue dans tout le monde occidental. Enfin, dans *zazen*, *za* signifie être assis et *zen*, méditation. *Zazen* veut donc dire être assis en méditation. Par conséquent, « Jésus en zazen » renvoie à une image de Jésus assis en lotus, en train de méditer. Mais je pense que Jésus n'a jamais été assis en lotus en train de méditer, l'illustrer en lotus, c'est faire ce qu'on appelle une erreur historique.

Jésus n'a jamais été assis en lotus en train de méditer, mais Bernard Senécal, qui est pourtant « jésuite », passe sa vie en lotus en train de méditer. Il y passe même parfois plusieurs heures par jour. Comment Bernard Senécal, dans cette position, vit-il sa foi en Jésus ? En d'autres mots, comment vivez-vous intérieurement cette dynamique ou cette tension entre cet univers bouddhiste et cet univers chrétien ?

Je dirais, pour éviter toute confusion, que non seulement je suis toujours jésuite, mais que j'entends bien le rester jusqu'à l'instant de la fermeture de mon cercueil. Voilà une première chose. Deuxièmement, il est bien évident que faire de la méditation de façon bouddhiste comporte des implications qui ne sont pas simples. Pour ce qui est du temps à consacrer à la méditation, eh bien, au cours d'une session de méditation de retraite, on peut y consacrer plusieurs heures par jour, jusqu'à sept ou huit heures – certains en font beaucoup plus. Mais, dans la vie quotidienne, une heure, une demi-heure de méditation par jour, c'est ce qui est généralement possible. Mais le fait est qu'il s'agit de transformer toute la vie quotidienne en exercice de méditation. Un grand mystique de la tradition chrétienne a parlé de « contemplation dans l'action ». Je pense que les bouddhistes, à leur façon et dans un tout autre contexte, cherchent à faire la même chose. Nous n'avons pas la possibilité, au quotidien, de passer plusieurs heures par jour en méditation ; il faut entrer en retraite pour cela, aller dans un endroit où nous serons plusieurs et où il y aura toute une infrastructure permettant aux participants de méditer amplement. Maintenant, pour ce qui est du développement d'une pratique de la méditation bouddhique en tant que chrétien, je pense qu'il n'y a pas de réponse définitive. Je ne peux pas vous dire : « Monsieur Lesage, voilà, pratiquer la méditation bouddhiste en tant que chrétien, c'est une équation qui peut se formuler de cette façon… » Je dirais plutôt que c'est quelque chose qui est toujours à recommencer, toujours neuf, qu'il y a une tension qui demeure…

Dites-moi, Bernard, pour avoir fait les Exercices de saint Ignace, il y a déjà plusieurs années de cela, je sais que l'on médite en faisant passer devant soi des scènes évangéliques sur lesquelles on applique différentes techniques d'attention, de méditation ou de prière. Je ne connais pas beaucoup le bouddhisme, mais j'ai l'impression que la méditation dont vous parlez, c'est tout à fait le contraire, c'est-à-dire qu'on utilise une technique permettant de faire le vide à peu près complètement. Alors, comment être, d'une part, jésuite et chrétien et donc pratiquer une méditation thématique en faisant appel à des images et divers sentiments, et d'autre part, pratiquer une méditation qui, elle, fait complètement le vide sur toute représentation, sur toute imagination ?

Dans un sens très large, la méditation bouddhiste renferme de multiples formes ; par exemple, les techniques respiratoires employées par le bouddhisme birman, où on compte jusqu'à 60. Dans le bouddhisme tibétain, on met en jeu toutes sortes de représentations. Depuis ses fondements, le bouddhisme indien a toujours proposé des méditations sur la mort. La méditation ignacienne, qui propose au méditant des objets qui sont les scènes évangéliques, ressemble à des formes tout à fait analogues au cœur du bouddhisme. La méditation ignacienne est simplement une des nombreuses formes de méditation. Personnellement, à partir d'un certain moment, cela ne m'allait plus : je n'arrivais plus à méditer « à l'ignacienne »… Ignace de Loyola n'a jamais voulu que les jésuites ou ceux qui faisaient les Exercices spirituels qu'il a proposés ne se nourrissent toute leur vie que de cette manière, de cette seule et unique manière de prier. Il disait : « Un jésuite pourrait, dans sa vie, faire les Exercices une ou deux fois, peut-être deux ou trois fois. » Puis voilà qu'on en a fait une nécessité absolue : une retraite tous les ans ! Ce que je veux dire, c'est que l'Esprit Saint est beaucoup plus libre que cela. Nous n'avons pas à être inféodés à une méthode, si dynamique et extraordinaire soit-elle. C'est elle, qui est à notre service, pas le contraire : « Le Sabbat est fait pour l'homme. »

La pédagogie ignacienne est d'une très grande valeur. Elle a joué le rôle qu'elle avait à jouer dans ma vie, et maintenant, moi, je suis passé à autre chose. Par le bouddhisme, j'entre dans une forme de prière beaucoup plus contemplative et qui est de l'ordre de ce qu'on appelle la voie négative ou, en grec, la voie apophatique. On n'est plus dans l'affirmation de choses à partir du langage, dans des considérations qui reposent sur un travail de l'intellect, mais on va au-delà des concepts. Cela étant dit, je crois que la prière ignacienne, à long terme, conduit aussi dans une direction semblable. Elle le peut. Mais elle tend quand même à toujours avoir pour point de départ la Parole de Dieu. Le bouddhisme n'a pas ce point de départ : il tend plutôt à affranchir de tout cadre conceptuel. Le bénéfice que nous pouvons en retirer est une très grande purification de nos tendances à intellectualiser, à comprendre, à vouloir saisir le mystère. Or, que ce soit le mystère du Christ ou le mystère de Dieu qui se révèle dans le Christ, nous sommes devant un mystère qui relève, en dernier ressort, de l'incompréhensible. Je pense que le mystère du monde est quelque chose de l'ordre de l'incompréhensible. Ce qui ne veut pas dire que nous n'avons pas besoin du langage. Comme le disait saint Thomas : « La théologie est un effort pour comprendre la foi. » Cela ne veut pas dire qu'il n'y a pas un moment où nous n'avons pas besoin de méditation à partir de scènes évangéliques et qui passent par la médiation explicite du Christ. Mais je pense qu'il y a un moment où il faut savoir le laisser partir : « Il vous est bon que je m'en aille », disait-il. Souvent nous avons beaucoup de mal... Ce que le bouddhisme m'a appris, c'est à le laisser partir. Voilà !

Laisser partir... le Christ ?

Oui !

Laisser partir le Christ...

Et oui. « Il vous est bon que je m'en aille. » C'est ce qu'il dit, dans le discours, après la Cène, selon saint Jean.

Mais encore...

Nous avons une façon de nous cramponner au Christ et d'avoir peur de le laisser partir qui fait que nous ne pourrons jamais ni l'intérioriser ni nous laisser saisir par lui. Le laisser nous saisir... Et par-dessus tout, ce que nous avons à faire, c'est de commencer à vivre dans l'Esprit. Nous avons une manière d'être christocentrique, ou d'accentuer la christologie, qui nous fait rater la pneumatologie, ou l'étude, la célébration de l'Esprit Saint. Tout ça... Vous devez être en train de vous dire : mais qu'est-ce qu'il est en train de raconter ! Ce sont quelques fruits de ma rencontre avec le bouddhisme, voilà tout !

Au fond, vous semblez dire que le bouddhisme, ou la pratique de la méditation bouddhiste, ou encore du zen, a finalement beaucoup purifié votre foi. Est-ce bien cela ?

C'est ça, il ne cesse de la purifier !

Il ne cesse de la purifier…

C'est un processus continu.

Moi, ce que j'aimerais savoir… D'abord, ça fait combien d'années que vous pratiquez ce type de méditation ?

J'ai dû commencer vers 1988, cela va donc faire bientôt 20 ans.

En 20 ans d'expérience spirituelle, est-ce qu'on fait également l'expérience du mystère de Dieu ? Peut-on en arriver à dire ce qui se passe au cours d'une méditation bouddhiste où on expérimenterait le mystère de Dieu ou de l'Esprit se révélant au fond de sa conscience ? Est-ce que je dis n'importe quoi ou ma question a-t-elle du sens ?

Je dirais que, dans un état de conscience pure, sans ego, un état que l'on peut qualifier de spirituel ou mystique, où il n'y a plus de sujet pensant ni d'objet pensé, il n'y a en fait absolument rien à dire. Et commencer à en dire quelque chose serait une contradiction en soi. C'est un état qui peut devenir porteur de toute la réalité au sein de laquelle nous vivons, mais un état sur lequel nous ne pouvons strictement rien dire.

Est-ce là l'objectif de la méditation : atteindre cet état de conscience pure où on ne peut plus rien dire ?

Je pense que c'est ce que saint Jean de la Croix a beaucoup élaboré dans sa mystique. Je crois aussi qu'il avait repris la tradition de Maître Eckhart qui avait lui-même repris celle de Denys l'Aéropagite, soit tout le courant de la voie mystique négative, de la voie apophatique, dans la tradition chrétienne. Est-ce que c'est le but ? Cela peut se produire sans qu'on l'ait nécessairement cherché, tandis que d'autres cherchent à ce que ça se produise, mais restent sans résultat.

Vous dites que « ça peut se produire sans qu'on ne l'ait nécessairement cherché ». Est-ce que c'est un peu comme ce qu'on appelle, dans la tradition ignacienne, la consolation sans cause ?

Oui, mais vous énoncez alors quelque chose sur un état dont on ne peut pas dire grand-chose : c'est effectivement, en langage ignacien, une «consolation sans cause». C'est quelque chose qui se produit mais qui est au-delà de tout effort pour que cela survienne. Cela dit, les bouddhistes ne seraient pas tout à fait d'accord avec moi. Ils diraient que le Bouddha Sakyamuni, le Bouddha historique, produisait cet état à volonté. Mais on est là dans des perspectives qui sont différentes.

Évidemment, Bernard, tout cela peut paraître un peu technique. Ce que l'on cherche, dans une méditation de type bouddhiste, c'est à être attentif à ce qui se passe fondamentalement, ce qui n'est pas facile.

Je pense qu'il ne faut pas «chercher» à être attentif : il faut plutôt laisser les choses advenir. On peut simplement constater qu'elles adviennent, quand c'est le cas. Ce n'est pas exactement la même chose que chercher à être attentif… Quand vous dites «chercher à être attentif…», je pense que vous êtes dans une perspective ignacienne, qui a sa valeur, que je reconnais comme étant extrêmement efficace et à laquelle je dois beaucoup, mais dans le bouddhisme, on apprend autre chose : c'est laisser advenir et ne pas toucher à ce qui se passe.

Est-ce que Bouddha a chassé Jésus ? Ou est-ce que Jésus a chassé Bouddha, dans votre démarche ?

Il est dit, dans le prologue de l'Évangile de saint Jean : «Au commencement était le Verbe, et le Verbe était Dieu, et le Verbe était tourné vers Dieu. Tout fut par Lui, et sans Lui, rien ne fut.» Alors si, sans le Verbe, rien ne fut, eh bien, rien n'existe *ad extra,* à l'extérieur de l'action créatrice du Verbe. Par conséquent, il n'y a aucune raison pour que le Bouddha existe hors du champ d'action du Verbe. Puisque la réalité est une, je ne vois pas pourquoi le Bouddha et le Christ – qui

étaient des personnalités religieuses exceptionnelles – ne pourraient pas être mis sur le même pied, selon qu'on est chrétien
ou bouddhiste. Je ne vois pas pourquoi ils devraient être
mutuellement exclusifs. Je pense que l'enjeu de la rencontre
des peuples et des religions est en cause. Il y en a qui n'hési-
tent pas à dire que l'avenir de la planète – parce que notre
planète, elle n'est pas en très bon état ; on a de bonnes raisons
d'être pessimistes –, il y en a qui disent que l'avenir de la
planète réside dans la rencontre de la tradition chrétienne et
de la tradition issue du Bouddha. Elles doivent se compléter,
s'enrichir et se féconder pour permettre à l'humanité de se
penser autrement, tout particulièrement dans ses relations au
monde qu'elle habite. Et ce ne sera pas que le bouddhisme ou
que le christianisme, ce seront les bouddhistes et les chrétiens
ensemble. Mais je ne peux bien sûr pas oublier, quand je
dis cela, l'islam, l'hindouisme, les animismes, les religions
amérindiennes et traditionnelles, tout le champ religieux
planétaire. Cela dit, il semble qu'à l'échelle de la planète, le
bouddhisme et le christianisme aient à se révéler des choses
qui pourraient concerner le salut du monde au sein duquel
nous sommes en train de vivre.

9

MARC-ALAIN WOLF
La religion du psychiatre

Sur le plan de la croyance, je dirais que je suis plus
du côté du doute.

*Marc-Alain Wolf est un psychiatre passionné par les questions de
philosophie et de religion. Son œuvre en fait foi, car il a publié
en France et au Québec ses réflexions et observations sur la Bible.
Dans sa thèse de doctorat en philosophie, il a analysé le dialogue
avec des psychotiques. Ce médecin originaire d'Alsace qui habite
le Québec depuis les années quatre-vingt a publié en 2006 le*
roman Kippour. *L'action de ce récit se déroule en grande partie
dans une synagogue montréalaise. Le personnage principal, qui
est psychiatre, se nomme Zacharias Lemieux, un prénom juif et
un patronyme canadien-français. Marc-Alain Wolf pratique la
psychiatrie à l'hôpital Douglas.*

**Dʳ Wolf, on pourrait dire que votre roman reflète votre chemi-
nement personnel… Faut-il une forme de dédoublement de la
personnalité pour être psychiatre?**

Non, pas du tout. L'intrigue n'est pas du tout autobiographique. Je suis juif, né de deux parents juifs – des Juifs

---

Émission diffusée le 18 octobre 2007.

alsaciens –, alors que dans le roman *Kippour,* je raconte une histoire qui m'a été narrée. C'est une histoire vraie qui m'avait beaucoup touché. Pour rappeler l'intrigue en quelques mots, dans les années soixante, un juif sépharade, probablement marocain, s'installe au Québec. Il y a très peu de juifs sépharades francophones, à ce moment-là. Comme il a du mal à s'intégrer à la communauté juive anglophone, il arrive ce qui souvent est arrivé, il s'intègre plutôt à la communauté québécoise francophone. Puis il devient amoureux d'une Québécoise catholique, qu'il épouse, et avec qui il a un enfant. Au bout de quelques années, surgissent de grandes difficultés dans le couple. Le monsieur en question est rattrapé par sa tradition religieuse et finit par quitter le Québec. L'enfant sera donc élevé par sa mère dans un milieu québécois catholique. On suit son cheminement, 40 ans plus tard, juste après la mort de sa mère, alors qu'il part à la recherche de son père, dont il sait peu de choses et dont il a peu de souvenirs. Mais il comprend que la question religieuse et juive a beaucoup compté pour ce père. Finalement, avec ses deux garçons – parce qu'il a deux garçons qui approchent de l'adolescence –, il décide de passer la célébration du Kippour, pendant 24 heures, dans une synagogue qu'il pense avoir déjà fréquentée avec son père, quand il était jeune. Il finira bien par retrouver la trace de son père, mais il va surtout découvrir la religion juive et la faire découvrir à ses enfants.

En fait, le roman est une occasion, pour ceux qui le lisent, de découvrir la religion juive. Y avait-il chez vous cette intention de faire connaître la religion juive aux Québécois?

Disons que j'étais surtout pris par l'intrigue, par la relation père-fils, peut-être parce que j'avais perdu mon père peu de temps auparavant. Je pense que ce roman a surgi dans un travail de deuil. Mais oui, je voulais aussi montrer comment cela se passe réellement dans une synagogue, parce que je suis parfois un peu irrité par les images stéréotypées qu'on véhicule ici et là sur la communauté juive. Je voulais par exemple montrer que, même dans une synagogue relativement orthodoxe, il y a toute une diversité de personnages, et de caractères, comme partout ailleurs dans la société.

J'ai peut-être utilisé le terme « dédoublement de personnalité » à mauvais escient, mais j'avais été frappé par le fait que le personnage central, Zacharias Lemieux, était psychiatre et voulait se rapprocher du judaïsme.

En fait, l'intrigue m'est totalement étrangère, mais dans les détails, il est psychiatre et a deux garçons, et j'ai effectivement deux garçons qui avaient à peu près le même âge, quand j'ai écrit le livre. C'est sûr que, dans ces détails-là, on peut dire que c'est autobiographique.

Si on parlait un peu de votre vie. Vous avez dit que vous êtes d'Alsace mais que vous vivez au Québec depuis un peu plus de 20 ans?

En effet. Je suis né à Strasbourg de parents juifs alsaciens, eux-mêmes descendants de générations et de générations de familles juives qui étaient installées en Alsace depuis très, très longtemps, depuis des siècles. Puis, pour ne pas avoir à faire mon service militaire dans un hôpital français, ce qui n'était pas particulièrement passionnant, j'ai décidé de le faire dans le cadre de la coopération militaire, qui existait à l'époque entre la France et le Québec. Comme j'étais résident en psychiatrie, j'ai travaillé 14 mois comme psychiatre à l'hôpital Robert-Giffard, à Québec. Après ce stage, on m'a proposé de rester un an de plus, puis un an de plus, et puis un an de plus encore. Finalement, sans l'avoir vraiment voulu, je me suis retrouvé installé au Québec.

Pourquoi la psychiatrie ?

C'était d'abord le choix de la médecine… Mais dès que j'eus choisi la médecine, j'ai pensé à la psychiatrie, parce que j'avais un problème avec le corps physique, ce qui peut paraître étonnant, en médecine. C'est que la relation permanente avec le corps, avec la souffrance du corps, et la proximité avec la mort sont des choses qui ne m'attiraient pas spécialement. Par contre, j'aimais beaucoup la relation entre les esprits ; le dialogue incessant qui est au fond le quotidien du psychiatre. J'étais donc vraiment attiré d'emblée par la psychiatrie pour cette raison. Mais j'étais également fasciné par la psychose. Je voyais et j'entendais parler de gens qui pouvaient être absolument convaincus de choses délirantes, insensées… Comment peut-on croire avec cette intensité à de telles idées ? Ça rejoint, d'une certaine façon, la question de la foi ou de la croyance. Cela m'a fasciné et attiré, et jusqu'à présent, j'ai toujours gardé un intérêt particulier pour la psychose, pour toutes les psychoses, les troubles délirants, la schizophrénie…

On entend parfois dire que la religion peut produire une psychose ou être une forme de névrose. Qu'en est-il ?

Il faut dire tout de suite que la religion n'a rien à voir avec la psychose. Mais, chez les psychotiques, on peut avoir des délires religieux comme on peut avoir toutes sortes d'autres délires. Par exemple, des gens se sentent investis d'une mission divine, se prennent pour Jésus, pour Dieu. Ces délires religieux étaient beaucoup plus fréquents jadis que maintenant, peut-être parce qu'autrefois, la société était imprégnée de culture religieuse, ce qui est moins le cas à présent. Aujourd'hui, il y a plus de délires technologiques. Par exemple, des gens qui sont persuadés d'avoir des puces dans le cerveau. Mais la religion n'a jamais été qualifiée de psychose par les psychologues ou les psychiatres. Freud et la psychanalyse ont plutôt décrit la religion, le rituel religieux surtout, comme une névrose, la névrose étant un ensemble de rituels pour lutter contre l'anxiété et l'angoisse. Effectivement, la religion permet peut-être de lutter contre l'anxiété liée aux grandes questions existentielles : elle apporte des réponses à un certain nombre de questions.

Vous avez fréquenté deux philosophes allemands contemporains, Emmanuel Levinas et Martin Buber. Ce sont des philosophes reconnus pour leur approche « dialoguale » ; je pense à Buber, qui a explicité la relation « je-tu ». Ce sont donc deux philosophes qui insistent beaucoup sur le dialogue entre les personnes. Vous semblez appliquer à votre pratique du métier de psychiatre cette attitude philosophique « dialoguale ».

C'est-à-dire que, dans cette thèse, dans ce livre sur le dialogue avec le psychotique, je me pose la question : « Comment est-il possible de dialoguer avec des gens qui sont parfois envahis par des hallucinations, qui vivent donc dans un autre monde, dans un monde parallèle au nôtre ? Comme ils vivent aussi dans notre monde, ils doivent gérer deux mondes en même temps. Aussi, comment est-il possible de dialoguer avec eux ? » Je décris donc la clinique psychiatrique, la phénoménologie, mais je m'adresse aussi à deux philosophes du dialogue pour voir s'ils peuvent m'éclairer dans mon questionnement.

Martin Buber est vraiment le philosophe du dialogue qui, pour simplifier, essaie de dire que, quand on est en communication avec autrui, on est soit dans un rapport « je-tu », soit dans un rapport « je-il, je-cela », c'est-à-dire dans un rapport de sujet à objet. Et parfois, même avec des personnes, on est dans un rapport de sujet à objet, par exemple en médecine, où on y est obligé, dans la mesure où on doit comprendre où est le symptôme, la maladie, pour intervenir. À ce moment-là, ce n'est pas seulement la personne qu'on respecte avec une égalité parfaite, c'est un sujet un peu objet. En psychiatrie, on passe toujours du « je-tu » au « je-cela », au cours de l'entretien, puisqu'on est à la fois dans le dialogue tout à fait équilibré où il faut tenir compte en permanence de la perception que notre interlocuteur a de nous et, comme médecin, dans l'obligation de prendre de la distance pour pouvoir énoncer : «Ah! Ce qu'il vient de dire est incohérent, relève du délire»... Voilà ce que Martin Buber apporte dans cette réflexion.

Emmanuel Levinas est un peu lui aussi un philosophe du dialogue, mais il est surtout un philosophe de l'éthique et sa particularité est de considérer qu'autrui n'est pas mon égal. Je suis redevable à autrui, totalement, et d'une façon qui a paru parfois complètement excessive : «Je suis l'otage d'autrui, je lui dois tout, je suis responsable de tout et même des persécutions qu'il peut me faire... Je suis responsable de ses persécutions.» À la limite, on peut se demander si ce n'est pas là une éthique très traumatique. Comment se fait-il que ce philosophe, qui a quand même été touché personnellement par la Shoah, ait pu élaborer une philosophie de ce type, où il nie complètement l'égalité entre les interlocuteurs? Mais en même temps, si tout le monde abordait autrui de cette façon, en disant : «Je suis redevable de tout, je suis l'otage d'autrui sur le plan moral», on vivrait effectivement une vie de rêve. Mais, outre cela, Levinas comprend bien que, quand on sort de la dualité, c'est-à-dire quand une troisième personne intervient ou quand il faut tenir compte de la société, on ne peut pas imposer à quelqu'un, vis-à-vis d'une tierce personne, d'avoir cette attitude. Il faut dès lors introduire une justice plus équilibrée.

Elle est forte, cette affirmation voulant que nous sommes complètement redevables à autrui...

Oui, à tel point que nous sommes responsables des persécutions qu'il nous fait subir.

Chacun peut penser à différents modes de relations humaines pour essayer de savoir à quel point une telle pensée peut être

réaliste. Mais cela paraît difficile, particulièrement pour vous, qui êtes en relation avec des psychotiques, donc des gens susceptibles d'avoir des comportements délirants. Est-ce qu'un psychiatre peut vraisemblablement se croire redevable de ce qu'est l'autre, et cela jusqu'à justifier la persécution qu'il peut subir de cet autre ?

Absolument ! C'est une position éthique, ce n'est pas une position existentielle ou philosophique. C'est une position éthique car, sur le plan moral, on doit se comporter vis-à-vis d'autrui comme si on était totalement responsable de lui. Mais Levinas est à la fois critiqué, admiré et beaucoup étudié. Puis il faut tenir compte de tout le cheminement personnel de Levinas, qui a vécu la Shoah, mais qui est aussi un élève de Heidegger. Et il est aussi un critique radical de la philosophie de Heidegger.

Pour revenir à Buber... Sa philosophie prône donc un type de relation « dialoguale », que vous dites pouvoir appliquer en psychiatrie, mais cela ne fait-il pas partie de la vie courante et de toute relation thérapeutique ? J'imagine que tout psychologue doit se comporter de la même façon ?

Oui, mais quand je l'applique, par exemple, à l'étude de la communication avec les psychotiques, je me rends compte que la particularité du psychotique est qu'il gère deux mondes : il est en dialogue à la fois avec ses voix – avec son monde psychotique – et avec le monde ordinaire. Dans son monde psychotique, le type de dialogue qu'il développe est de l'ordre du « je-tu ». C'est donc un peu une critique de Buber, que je fais, lui qui dit que le « je-tu » est l'idéal ; qu'on doit toujours aspirer à cette relation « je-tu ». Je dis pour ma part qu'on a une relation qui n'est pas complètement « je-tu ». Il y a cinq critères à une telle relation, mais quatre d'entre eux s'appliquent dans le cas du psychotique. Je peux donc montrer qu'il y a un certain excès et que la grande difficulté du psychotique réside dans ses relations «je-cela». Il a en effet beaucoup de handicaps lorsqu'il doit fonctionner dans la société comme nous le faisons d'habitude, c'est-à-dire d'une façon technique, concrète.

Alors, Dr Wolf, ce qu'il faut retenir de notre entretien, c'est que, pour vous, la relation humaine, le dialogue, la relation interpersonnelle, tout cela est fondamental, dans votre dynamique, dans votre approche, dans votre pratique de la médecine ?

Elle est fondamentale, elle est fascinante, mais elle est avant tout mystérieuse. Si je m'y suis intéressé, c'est qu'elle est avant tout mystérieuse. Elle ne coule pas de source, c'est une grande énigme. Comment sommes-nous capables de dialoguer ? Comment sommes-nous capables de nous comprendre aussi bien, alors qu'au fond les outils du langage sont si imparfaits ? Il arrive que nous ne nous comprenions pas – il y a donc les guerres, il y a la violence. Mais, malgré tout, nous sommes souvent tout à fait capables de nous comprendre. C'est assez énigmatique, et ça mérite qu'on y réfléchisse.

Marc-Alain Wolf, vous vous êtes aussi intéressé à la Bible, au point même d'avoir publié aux Éditions du Cerf un livre intitulé *Un psychiatre lit la Bible*. Avant de vous demander ce qu'un psychiatre peut rechercher dans la Bible, on peut déjà se demander pourquoi vous avez décidé de vous intéresser à la Bible. Pourquoi cet intérêt ?

La Bible est un livre qu'on m'a fait lire, je n'ai pas décidé de le lire. J'ai quand même reçu une éducation un peu religieuse, on m'a donc enseigné la Bible comme on l'enseigne traditionnellement. Puis, quand on va à la synagogue, le samedi, on lit toujours une partie de la Bible. Le rabbin fait ensuite un discours, qui est aussi une interprétation parfois un peu psychologique du passage de la Bible qui a été lu. Il y a d'ailleurs une façon juive de lire la Bible : les cinq livres de Moïse sont divisés en 52 sections hebdomadaires. Chaque semaine, on en couvre une, et non seulement on la lit directement dans le rouleau de la Torah, mais on en parle, on en discute, chacun en donne son interprétation. C'est une tradition religieuse juive.

Par ailleurs, je me suis intéressé, avec d'autres personnes, à réaliser des rencontres autour de la Bible, et cela, avec des Juifs et des non-Juifs, des psys et des non-psys, et des spécialistes – des biblistes ou des théologiens. Il y avait aussi des psychanalystes et moi-même, en tant que psychiatre. Dans ce cadre-là, au cours de chaque rencontre, on s'intéressait à un passage spécifique. Je donnais alors mon interprétation de psychiatre et le théologien donnait la sienne... Comme vous le voyez, c'était en fait dans le contexte d'un travail collectif.

Mais vous avez écrit des articles sur les migrations des Juifs telle qu'on peut la lire dans la Bible à partir de l'histoire d'Abraham, de l'Exode et ainsi de suite. Qu'est-ce qui vous fascine particulièrement dans la Bible, outre le fait que vous êtes intéressé par le thème des migrations? Qu'est-ce que vous y recherchez surtout?

La Bible, c'est d'abord un livre fondateur. C'est un livre fondateur pour la religion juive, pour la religion chrétienne et pour ce qu'on appelle la civilisation judéo-chrétienne. C'est donc un livre important! Par ailleurs, ce livre est très particulier, car il est composé de récits spécifiques, très succincts, et très pauvres sur le plan psychologique. On nous rapporte surtout des faits. Comme on donne très peu accès à l'intériorité des personnages, cela constitue une invitation à l'interprétation psychologique. Et il arrive toutes sortes de choses aux personnages bibliques. Je me suis surtout intéressé au début de la Bible, aux grands personnages : Abraham, Isaac, Jacob, Joseph, Moïse... Ils vivent toutes sortes d'événements, et chaque fois je m'interroge : Qu'est-ce qui se passe dans leur tête? Comment vivent-ils tel événement et, en particulier, leur questionnement sur Dieu ? Quand Dieu intervient, que ce passe-t-il ? Pourquoi intervient-Il ? N'y a-t-il pas une logique psychologique à cette intervention de Dieu ?

Vous avez dit vous-même que la Bible soulève une question de fond, qui est celle de l'existence de Dieu, de la foi en Dieu. Tous les personnages que vous avez nommés étaient de grands croyants. Qu'en est-il de cette question pour Marc-Alain Wolf qui est lui aussi de tradition juive ?

Oui. D'abord, la Bible, c'est le livre qui introduit Dieu. Il l'introduit comme personnage principal. Il l'introduit aussi dans un monde qui n'est alors pas sans Dieu, qui est au contraire plein de dieux, il ne faut pas oublier cela. Aujourd'hui, la compétition existe entre Dieu et « pas Dieu », entre Dieu et l'athéisme. Quand la Bible est constituée, c'est un Dieu unique qui vient se placer en concurrence avec des dieux multiples : voilà la particularité ! La Bible apporte donc un petit peu moins de dieux dans le monde des hommes que ce qui existait auparavant. Il y avait avant une pluralité de dieux, et ils intervenaient partout, tout le temps…

Puis il y a aussi une cohérence. À partir du moment où Dieu est unique, il doit être relativement cohérent. Mais la cohérence de Dieu n'est pas donnée d'emblée, même dans la Bible ; elle se révèle progressivement. Comme psychiatre, je m'intéresse aussi dans la Bible à chacune des interventions de Dieu… Est-ce simplement une intériorité toute puissante qui intervient sans qu'on ait à se demander pourquoi elle intervient ? Juste parce qu'elle décide d'intervenir ? Non ! Il y a toujours une raison psychologique à une intervention de Dieu. Par exemple, la première fois qu'Il intervient, la première fois qu'Abraham entend Dieu lui parler, c'est à un moment charnière de son existence, où il vient de perdre son père. C'est son père qui avait initié le grand voyage d'Ur en Chaldée, vers Canaan, et il meurt… On sent alors qu'Abram – c'est ainsi qu'il s'appelle à ce moment-là – ne sait trop ce qu'il doit faire, et c'est dans ce doute et cette angoisse, c'est dans ce moment de deuil que la voix de Dieu se fait entendre pour confirmer le voyage qu'avait initié son père. C'est quelque chose que la tradition ne retient pas tellement… La tradition retient plutôt l'idée que c'est la Parole de Dieu qui dit à Abraham d'aller à Canaan. Ce n'est là qu'un exemple pour montrer que Dieu n'intervient pas n'importe comment, qu'Il le fait à un moment où le personnage biblique vit des angoisses ou des émotions qui rendent peut-être nécessaire cette intervention de Dieu.

Permettez-moi de citer un petit dialogue entre deux jeunes juifs, dans votre roman *Kippour* : « Tu vois, lui dit-il, dans ma famille, ce n'est pas compliqué : ma mère est catholique, croyante et pas pratiquante, mon père est juif, pas croyant, mais pratiquant, moi, je suis juif et chrétien, pas croyant et pas pratiquant, et ma sœur ne sait pas encore ce qu'elle est. » Elle est peut-être agnostique… Alors vous, dans toutes ces catégories, comment vous définissez-vous ?

J'ai une certaine pratique religieuse et une certaine préoccupation quant au fait de la transmettre à mes enfants. Par exemple, je vais à la synagogue tous les samedis et j'essaie de les emmener avec moi. Cela est très important pour moi. Ce sont des adolescents, ils ont célébré leur bar-mitsvah, c'est donc important. Voilà pour ce qui est de la pratique. Sur le plan de la croyance, je dirais que je suis plus du côté du doute, et j'ai l'habitude, quand on me pose cette question, de rappeler une parole de mon maître en psychiatrie, en psychanalyse, à Strasbourg, qui s'appelait Lucien Israël et qui est aujourd'hui décédé. Je reprends tout à fait sa façon de répondre à la question : « C'est très étrange, d'un côté, il y a des gens qui sont certains que Dieu existe, et de l'autre, il y a des gens qui sont certains qu'Il n'existe pas », et moi, comme lui, je me situe au milieu.

Est-ce ce qu'on appelle une position agnostique?

Oui. Il y a un certain doute. Je retiens par exemple la parole de Buber, qui disait: «L'indifférence à la merveille de la nature est à la racine du péché.» Il est donc certain que la merveille de la nature nous amène à nous interroger sur l'existence de Dieu. Maintenant, faut-il adhérer à tous les détails qui sont donnés au sujet de Dieu, et cela dans les différentes traditions religieuses, avec le grand problème de la discordance entre les récits religieux? Voilà la question. Mais on peut considérer que Dieu est le personnage principal d'un des grands mythes fondateurs de notre culture, et donc qu'en tant que personnage principal d'un livre fondateur, il est extrêmement important. C'est pour cela qu'avec mon livre sur la lecture psychologique de la Bible, j'espère pouvoir intéresser des croyants, bien sûr, mais aussi des non-croyants. Ceux qui comprennent l'importance culturelle de la Bible.

Dans votre optique, Dieu n'est pas nécessairement une sorte «d'opium du peuple», pour reprendre une expression classique?

Non. J'ai plutôt un abord très positif de la croyance religieuse. Vous savez, en psychiatrie, nous ne sommes pas tellement exposés à la souffrance physique et à la mort. Nous sommes exposés à la souffrance psychologique et au risque de suicide. Et je vous assure qu'un des facteurs protecteurs contre le passage à l'acte suicidaire est la foi religieuse. Combien de fois entendons-nous un patient, une patiente, nous dire: «Ce que je vis est épouvantable, je souffre énormément, mais soyez rassuré, docteur, j'ai des croyances religieuses qui font que, jamais, je ne m'enlèverai la vie.»

Voulez-vous dire qu'à ce moment-là, le docteur considère la foi comme étant une bouée de sauvetage?

Je ne dirais pas «bouée de sauvetage». Vous savez, au cours d'une dépression, on peut être profondément suicidaire, avoir une vision apocalyptique de ce qu'on est en train de vivre, et puis, six mois plus tard, tout a changé. C'est ça, la vie, la beauté de la vie! Et on peut ne pas comprendre comment on a pu se retrouver, à un moment, si près du suicide. Alors, tout ce que la culture a mis en place pour protéger l'individu contre l'acte suicidaire est très précieux. C'est particulièrement important au Québec où on s'interroge sur le nombre de suicides chez les jeunes. Une des réponses à cela est assurément qu'un certain nombre de freins, d'agents préventifs ou d'agents protecteurs, ont été levés et n'ont pas été remplacés par autre chose.

Vous avez rapidement constaté un effondrement de la religion au Québec?

Oui, tout à fait. C'est quand même très frappant! La société québécoise était extrêmement structurée par la religion catholique; celle-ci a d'ailleurs joué un rôle très important dans sa préservation. Puis, à un moment, elle a été vécue comme une religion qui opprimait les personnes. Et cela, je le vois et je le sens avec des patients qui ont un certain âge. C'est toujours le même discours, c'est systématique, la façon dont les gens disent à quel point ils se sont sentis opprimés par le clergé, en particulier sur la question de la sexualité.

C'est donc encore très fréquent ça? Vous entendez encore très souvent l'expression de ressentiments très forts?

Quand j'anime des thérapies de groupe, les gens parlent de la religion, de leur foi, mais surtout de ces femmes qui devaient avoir beaucoup d'enfants, même quand elles n'avaient pas les moyens de les élever, et même quand c'était risqué pour leur santé physique et psychologique. Et ce qui n'est pas du tout toléré chez ces personnes, c'est que, à côté de cela, tout à coup, on se rend compte que parmi ces prêtres qui obligeaient les gens à une vie si difficile, certains se permettaient un comportement délictueux. Cela revient aussi très souvent. C'est donc peut-être cette prise de conscience qui fait qu'il y a eu un ras-le-bol général ! Pour l'observateur extérieur que je suis, ce qui est fascinant, c'est qu'en quelques années à peine, cette société qui était tricotée et structurée par le catholicisme a complètement mis sa religion de côté et a dès lors dû s'inventer. Plusieurs institutions, par exemple celle du mariage, sont tombées en même temps que la religion. Je pense que cela existe dans les autres sociétés, mais ça a été beaucoup plus rapide et beaucoup plus accentué au Québec, à mon avis. Et aujourd'hui, cette société qui perçoit assez négativement la religion comme quelque chose d'opprimant et dont on s'est enfin débarrassé, cette société laïque donc, a de la difficulté à voir arriver en elle, vers elle, des immigrants qui n'ont pas du tout la même expérience de la religion et qui vivent plutôt une affirmation de leur propre religion. Celle-ci les aide d'ailleurs, d'une certaine façon, à vivre leur immigration, leur transplantation dans une culture qui leur est étrangère.

Mais, vous-même, qui justement êtes un immigrant et êtes demeuré juif pratiquant, comment percevez-vous les effets de l'abandon de la religion par l'ensemble des Québécois, outre le fait que vous le voyez dans les thérapies ?

Il y a une perte. Je vois réellement une perte. Quand on parle d'abandon de la religion, très souvent, les gens vont dire : « J'ai la foi, mais ma foi à moi, n'est pas la foi du clergé. Je crois en Jésus, je crois en Dieu… » – plusieurs personnes disent cela, elles ajoutent cependant « … mais je ne pratique plus du tout ». Le problème, c'est que, quand on agit ainsi – je crois en Dieu, j'ai ma foi personnelle, mais je ne pratique plus du tout –, on ne transmet pas la religion. Les nouvelles générations sont alors vraiment laïques, mais souvent tout à fait ignorantes. Je pense que les grands récits bibliques sont relativement inconnus des jeunes générations. On sent bien que cette société cherche à se structurer ailleurs, et je crois que le nationalisme québécois est venu remplacer cette structure religieuse, mais il n'aboutit pas. Il y a ambivalence. Les gens n'arrivent pas à se décider. En fait, quelle que soit la réponse, elle est insatisfaisante pour la moitié de la population. Il y a donc une forme de souffrance, et cette souffrance, à un moment, je l'ai sentie. Il y a 25 ans, les Québécois francophones parlaient surtout de l'oppression, non plus de la religion, mais des Anglais qui dominaient. Ce discours a lui aussi disparu maintenant. C'est une autre menace qui est perçue par la société québécoise : ce sont ces immigrants, en particulier ceux qui viennent avec des religions très fortes et des valeurs qui ne sont pas exactement les valeurs occidentales. Peut-être que voilà une société toujours à la recherche de son identité, qui se sent fragile et qui est donc facilement menacée, et actuellement par les immigrants plutôt que par les Anglais.

On sait que les Québécois – les derniers sondages le montrent – sont à 70 % contre les signes religieux trop ostensibles, que ce soit le port du voile, le kirpan ou peut-être aussi la kippa. Que pensez-vous de tout cela ? Trouvez-vous que les gens vont trop loin dans cette revendication très forte de la laïcité ?

Je pense que c'est très émotif. Je vais vous donner un exemple. Même dans la communauté juive, il y a des gens qui ne supportent pas le voile et, chose bizarre, me semble-t-il, ce sont plus les juifs sépharades – qui viennent des pays arabes – que les juifs ashkénazes, dont je suis, qui viennent de pays occidentaux, de l'Europe. Par ailleurs, certains juifs relativement traditionnels, mais quand même modérés (comme moi), ont du mal à supporter la communauté hassidique, du moins l'image qu'elle peut donner du judaïsme, une image d'une religion trop archaïque, trop séparée du reste du monde. Personnellement, je ne comprends pas cela, je ne me sens absolument pas menacé par un voile et ce qu'il représente. Je comprends tout à fait que, derrière ce voile, il peut y avoir mille explications possibles : dix femmes qui portent le voile le font, à mon avis, pour dix raisons différentes, en particulier au Québec, contrairement aux pays arabes où c'est obligatoire, où il peut y avoir persécution. Là-bas, je pense que le débat est tout à fait valide. Ici, au Québec, peut-être que certaines filles ou certaines femmes sont obligées, dans certains cas, à porter le voile mais, la plupart du temps, j'ai l'impression qu'elles l'assument complètement. Par conséquent, j'ai du mal à comprendre comment on peut vouloir expliquer à une femme qu'elle doit enlever son voile parce que cela va à l'encontre de l'égalité des femmes, alors qu'elle ne le porte que parce que cela répond à un certain besoin, à ce moment-là, de son existence.

Vous avez parlé de la communauté hassidique, qui est la plus ciblée par l'opinion publique en général. Qu'est-ce que cela suscite, chez vous, comme réaction ?

Moi, ça me dérange... Vous savez que cette communauté est à la fois relativement étrangère et relativement proche. Proche parce que j'aime bien me promener dans les quartiers hassidiques : je m'y balade comme dans un musée vivant. Pour moi, c'est comme un musée vivant, et quand je regarde ces juifs hassidiques, je me dis : «Tiens, je vois mes aïeux : il y a deux siècles, il y a trois siècles, ils étaient comme ça.» Vous savez, parfois on se bat pour la protection d'une espèce animale, d'un insecte qui risque de disparaître, et tout le monde s'affole. C'est correct, je suis en accord avec ça! Mais on devrait peut-être aussi se dire «Eh bien, voilà une culture très particulière, qui est quand même extrêmement minoritaire et qui ne fait vraiment de mal à personne», parce qu'il n'y a pas beaucoup de délinquance dans cette communauté. Elle a quand même ses qualités. Mais, effectivement, elle est complètement refermée sur elle-même.

C'est vrai qu'ils sont dérangeants, ces juifs hassidim. Ils ont une façon de ne pas vous voir... Ils ne font pas exprès de ne pas vous voir, ils ont été éduqués comme cela. Ils vivent dans un milieu environnant, ils le connaissent, mais ils ne le voient pas. Et dans la rue, ils ne vous voient pas. Quand ils ne laissent pas passer une dame – ce sont de petits exemples qui irritent beaucoup –, quand des hommes qui avancent en occupant tout le trottoir alors que vient une dame âgée, ou une dame avec un enfant, eh bien! elles sont obligées de leur laisser la place... Ils ne la voient pas! Je ne pense pas que, dans leur tête, ils se disent: «Voilà une femme qui n'est pas juive, elle n'a pas à prendre le trottoir». Ils ne la voient pas, c'est tout. Et quand je vais parfois à la boulangerie chez eux – ils ont une boulangerie spéciale qui est assez bonne –, eh bien! ils peuvent me servir sans me regarder et pratiquement sans me parler. C'est vrai, que c'est dérangeant.

Cela étant, quand on analyse les frictions, les causes des frictions, c'est infinitésimal, c'est tout petit! C'est comme ce érouv, ce fil symbolique que pratiquement personne ne voit: peut-être est-ce justement parce qu'on ne le voit pas qu'il occupe tant les esprits, qu'il devient obsessionnel. Les vitres, oui, on peut critiquer, mais... Des *hassidim* ont demandé, à un moment, qu'on remplace les vitres d'un YMCA de Montréal de sorte que les jeunes enfants qui étudiaient tout près ne soient pas dérangés par les femmes un peu légèrement vêtues qui y faisaient du sport. Ils l'ont demandé et ils l'ont obtenu. On aurait pu leur répondre non, mais on a répondu oui, et après, toute la société a réagi très fort! Cela me dérange un peu. La façon dont les médias amplifient de tout petits problèmes m'irrite un peu. Il faut vraiment se rappeler que les *hassidim,* ne forment qu'un petite minorité de la communauté juive. Bien sûr, ils font beaucoup d'enfants, mais ils ne doivent pas représenter plus de 10 % des juifs présents au Québec.

En terminant, le dialogue judéo-chrétien continue-t-il de se développer ?

Les *hassidim* ne sont probablement pas du tout intéressés par des dialogues avec les autres religions. Par contre, parmi les autres juifs, beaucoup le sont. Il y a un dialogue qui, à mon avis, fonctionne très bien, et c'est justement le dialogue judéo-chrétien. Après des siècles de difficultés et de conflits parfois violents, je pense que, là, il y a un dialogue très fructueux. Par exemple, à Montréal, autour de la *Revue théologique*, ou de la faculté de théologie de l'Université de Montréal et dans certaines institutions juives comme le Temple Emmanuel, il y a des échanges. C'est comme si, finalement, les chrétiens reconnaissaient, puis acceptaient une source juive à leur religion. Ce qu'il faut maintenant espérer, c'est que le dialogue judéo-chrétien serve de modèle à un dialogue avec l'islam. Là, c'est un peu plus difficile.

10

THÉRÈSE NADEAU-LACOUR
Itinéraire d'une théologienne de la vie mystique

Tout ce qui compte comme essentiel, dans ma vie,
était imprévisible, et en fait relève de rencontres qui
sont venues combler en moi un besoin fondamental.

À plusieurs reprises, dans cet entretien, cette théologienne de la vie mystique soutient que des rencontres imprévisibles ont été un élément décisif de son parcours. Thérèse Nadeau-Lacour a navigué dans les sphères des mathématiques, de la philosophie et de la théologie, pour finalement plonger dans la théologie de la vie mystique. Entre temps, elle a volé de la France au Québec où elle enseigne depuis une vingtaine d'années à l'Université Laval et à l'Université du Québec à Trois-Rivières. Ses trois grandes passions spirituelles : Augustin, Thérèse d'Avila et Marie de l'Incarnation. Elle a publié plusieurs livres et articles sur ces grands spirituels. Mais quittons ce terrain de haute voltige. C'est une passion amoureuse qui a permis le premier véritable envol de Madame Nadeau-Lacour. Elle a en effet pris mari en Nouvelle-France. Comme si elle voulait réconcilier les deux mondes, l'ancien et le nouveau, le charnel et le spirituel, elle a aussi écrit sur le couple dans une perspective novatrice.

Émission diffusée le 8 novembre 2007.

∾

L'amour se fait à trois, et non à deux. Cette affirmation est pour le moins surprenante, venant d'une théologienne catholique, non ?

Je m'interroge sur ce qui fait très peur à nos jeunes, aujourd'hui : l'engagement à long terme. Dans nos sociétés, les couples se forment de plus en plus jeunes et on vit de plus en plus vieux. Devons-nous avoir peur de cette situation inédite ? L'engagement du couple peut-il tenir la « longue route » ? Ce qui m'intéressait – d'abord sur le plan philosophique, parce que j'avais travaillé cette question en philosophie avant de revenir à la foi chrétienne –, s'est peu à peu transformé en une conviction : si le couple n'est composé que de deux membres, l'engagement ne tiendra pas. Dire que l'amour se fait à trois et pas à deux est assez paradoxal et peut paraître choquant. Mais n'y voyez pas de ma part quelque laxisme moral. Cette affirmation veut simplement dire que la meilleure garantie de la durée de leur engagement est ce qui unit les deux membres du couple ; il est nécessaire que ce « quelques chose » qui les unit soit très profond et les dépasse ; ce « quelque chose » pourrait être par exemple leur amour commun de la justice, leur amour commun de la beauté, etc. Mais je crois qu'il faut aller plus loin. Ce « quelque chose » est à chercher dans leur relation commune avec une réalité qui les dépasse et qui donne du sens à leur vie. Or c'est là un point essentiel de la foi chrétienne sur le plan du mariage et du couple. Cette réalité permet de dire oui, un oui confiant, à l'engagement à long terme, et cela malgré toutes les épreuves – et il y en aura, ne nous faisons pas d'illusions, tous les couples traversent des épreuves.

Vous donnez au mot consentement un sens engageant. C'est plus que : « Bon, je consens, ça marche, on s'engage pour la vie – tout en se disant intérieurement, on va faire le temps qu'on

peut!» Le terme consentement a pour vous une très forte connotation de durée.

À quoi est-ce que je consens ? Vraiment, je crois qu'il faudrait poser cette question surtout lorsque des personnes souhaitent s'engager dans un lien très fort comme celui qui unit les membres d'un couple. À quoi ou à qui est-ce que je consens lorsque je prononce le oui, le fameux oui du consentement au mariage ? Pour moi, dans un mariage chrétien, je ne consens pas à quelque chose, fut-ce notre amour commun ; je consens à Quelqu'un qui fonde notre relation, qui fonde notre amour. Si ce Quelqu'un, cet Autre (avec un A majuscule) est Celui qui nous a aimés au point de donner sa vie pour nous, alors, Lui, bien sûr, est fidèle. Nous, nous pouvons ne pas Lui être fidèles, nous pouvons même ne pas être fidèles entre nous, mais Lui demeure fidèle.

Si je comprends bien, vous dites que quand, dans le mariage, on consent, qu'on accepte, qu'on s'engage à une certaine fidélité qui va durer au fil du temps, il y a également consentement à l'Autre, et à l'Autre avec un grand A ?

Oui, pour autant que je reconnais que, dans tout amour vrai, Dieu parce qu'il est Amour, est déjà présent. Et, réciproquement, lorsqu'il y a consentement à l'Autre et que cet Autre est Dieu-Amour, alors l'engagement à long terme peut ne pas être seulement un beau rêve. C'est comme si chacun des deux, et les deux ensemble, disaient simplement : « Si nous voulons un mariage chrétien, c'est non seulement que nous nous plaçons devant Dieu pour nous engager l'un envers l'autre, mais nous engageons aussi Dieu dans notre relation.» Pour moi, il est beaucoup plus lourd de sens et de conséquences de dire « Nous engageons Dieu dans notre relation» que de dire « Nous nous engageons devant Dieu». « Nous engageons Dieu» signifie que dès l'instant où nous le faisons sous son regard, non seulement nous le « mettons dans le coup» – selon l'expression populaire –, mais aussi, c'est comme si nous lui disions : « Toi, le Dieu de notre foi, nous reconnaissons que Tu es présent à notre amour. Nous voulons que Tu fasses partie de notre histoire, de l'histoire de notre couple, avec ses difficultés, avec ses épreuves, avec ses limites. Nous voulons que Tu en fasses partie. Et nous savons que si nous restons en relation avec Toi comme source de tout amour vrai, d'une certaine manière, Tu vas être là comme un guide, comme un modèle, comme un ami qui va soutenir notre couple et qui va aussi nous donner une certaine image de la relation, puisque Tu es venu donner dans le monde cette vérité même de l'Amour. Tu vas nous donner la grâce de le vivre ensemble. »

Dans votre parcours, il y a eu un moment de conversion. Vous êtes passée des mathématiques à la théologie mystique en passant par la philosophie et la théologie fondamentale. N'est-ce pas un cheminement éreintant ? À quel moment vous êtes-vous retournée, pour utiliser littéralement le sens du mot conversion.

La conversion, pour reprendre votre terme, est postérieure à mes études universitaires en philosophie. En fait, on peut dire que j'étais effectivement amoureuse des mathématiques. Pour moi, elles étaient le sommet de la connaissance et, comme je voulais enseigner, j'ai vraiment voulu aller me former dans ce domaine. Faire des mathématiques était pour moi de l'ordre de la jouissance intellectuelle. J'ai donc fait quelques études dans ce domaine. J'ai même enseigné deux ans les mathématiques. Mais j'ai aussi découvert les limites de ce genre de jouissance intellectuelle. Nous étions en 1967-1968, n'est-ce pas ? Alors, comme un certain nombre de mes camarades, j'ai attrapé le virus de la philosophie, parce que je découvrais que, dans cette discipline, il y avait une autre dimension qui ne stimulait pas seulement la raison humaine en moi, comme le faisaient les mathématiques ou la pure spéculation rationnelle, mais qui stimulait – je le croyais – la totalité de ma personne. La philosophie s'intéresse à la raison d'être du monde, à l'être humain en général ; elle s'intéresse au sens de l'existence. J'ai été vraiment fascinée par les grands philosophes qui cherchaient le sens ultime des réalités. Je me suis donc engagée dans des études de philosophie. Comme je vous le disais, nous étions en 1968, en France. Vous voyez ce que cela veut dire ? Mai 68 ! J'ai participé à ces débats, à ces combats, mais toujours avec ce côté un peu radical d'aller puiser chez les philosophes qui essayaient de faire les systèmes les plus parfaits possible, des penseurs comme Descartes, ou encore Hegel.

Dans le monde philosophique, il y a plusieurs niveaux de pensée, plusieurs langages. Il y a des philosophies éminemment abstraites, systématiques, théoriques, comme celle de Hegel. Mais il y a aussi des philosophies qui nous amènent à penser plus concrètement, à expliciter nos relations avec les autres, avec le monde.

C'est très juste. Et passer des systèmes conceptuels abstraits aux philosophes de l'existence est proprement une « conversion » ; et j'ai connu là un vrai retournement intellectuel. Ce retournement a consisté pour moi à passer de cette fascination pour les grands systèmes philosophiques à la découverte de philosophes, comme vous dites, de l'existence. De philosophes qui, justement, ne cherchent pas d'abord à construire de grands systèmes, mais à s'interroger sur le sens du quotidien, de nos vies, sur le sens de la vie et de la mort, des philosophies pour qui l'expérience humaine est importante. On peut penser à Socrate, à Augustin, et, tout près de nous, à des penseurs comme Ricoeur qui n'a jamais déserté la réalité humaine concrète.

Mais vous, qu'êtes-vous allée chercher dans ces philosophies ? Et comment cela a-t-il pu influencer votre propre vie, vos relations humaines, votre relation au travail, votre relation à la société ?

C'est seulement maintenant que je peux dire que les choses les plus importantes à être survenues dans ma vie sont liées à des rencontres. Des rencontres de personne à personne, et non pas seulement et purement intellectuelles. Le retournement philosophique et existentiel qui s'est effectué en moi a découlé effectivement d'une rencontre. À l'occasion d'un congrès de philosophie, j'ai entendu quelqu'un qui, jusque dans sa manière de parler, dans sa façon de dire ce qu'il avait à dire, m'a fait découvrir une partie du monde de la philosophie que j'ignorais, ou que j'avais voulu ignorer, et qui était ce monde des philosophes de l'existence et des philosophes spirituels. En écoutant ce professeur en qui de nombreux étudiants plus jeunes que moi reconnaissaient un maître, tout à coup, quelque chose s'est imposé à moi que je résumerais en disant tout simplement : « Mais c'est cela que je cherchais ! »

Qui est ce professeur qui vous a mis sur la piste ?

C'était déjà un vieux monsieur à l'époque, M. Aimé Forest, un père de famille de cinq enfants qui avait vu massacrer deux de ses fils par les nazis, à Oradour-sur-Glane. On voyait que c'était un homme qui avait vécu et traversé des épreuves terribles dont, bien entendu, il ne parlait pas ; mais on pressentait aussi qu'il était arrivé à une forme de paix intérieure qui n'excluait pas du tout le réalisme et la conscience claire de ce qui se passait autour de lui et de ce qui se passait en lui. Cela m'a vraiment bouleversée : s'est alors effectué en moi comme un retournement et j'ai pris une décision. J'ai voulu savoir qui était ce philosophe, et j'ai aussi voulu savoir quels étaient les philosophes qui l'avaient nourri ou qu'il fréquentait. C'est ainsi que j'ai découvert, ou plutôt redécouvert Augustin, pas seulement l'Augustin néo-platonicien de mes études universitaires mais quelqu'un qui avait eu à se battre contre lui-même, qui avait eu à chercher qui il était, quelqu'un, en définitive, de très moderne ou plutôt d'universel.

D'ailleurs, mes étudiants me disent se reconnaître dans Augustin davantage que dans certains penseurs contemporains. Ils trouvent fascinant cet homme qui a vécu une vie invraisemblable pendant 30 ans, mais aussi qui, au milieu des turbulences de sa vie affective et professionnelle, a toujours voulu chercher « la » vérité et, en même temps, sa propre vérité intérieure : une sorte de longue et parfois douloureuse gestation et construction de lui-même…

Au fond, c'est l'Augustin des *Confessions* que vous avez surtout découvert ?

Je crois que je l'ai redécouvert, parce que je connaissais l'Augustin des traités philosophiques ou théologiques, mais je connaissais moins l'expérience humaine d'Augustin, je dirais, l'Augustin vivant des *Confessions*. À partir de ce moment, Augustin, puis toute la tradition des philosophies de l'existence ont été déterminants dans ma vie intellectuelle et ma vie tout court. Ce fut le cas à travers la fréquentation des textes de Camus, de Gabriel Marcel, de Ricoeur, qui est un des héritiers de cette mouvance-là, et aussi, plus récemment de Levinas. Il s'agit là de penseurs qui cherchent d'abord à rester fidèles à la réalité de la condition humaine, celle des êtres humains concrets. Gabriel Marcel parlait de « philosophie concrète ». Aujourd'hui, on dirait qu'il s'agit de penseurs essentiellement habités par la quête de sens et particulièrement intéressés par la relation à l'autre.

Vous-même avez été attrapée d'une façon bien concrète par une nouvelle quête de sens. Vous avez laissé échapper, au début de notre entretien, que vous êtes redevenue chrétienne, d'une certaine façon, que vous vous êtes convertie ou reconvertie. À quel moment cela s'est-il produit ?

Oui, vous savez, c'est toujours mystérieux, n'est-ce pas ? Les rencontres sont mystérieuses, et la manière dont évolue une personne l'est aussi. Il y a comme un mystère profond dans notre être, auquel nous n'avons d'ailleurs pas toujours accès, mais qui se déploie ou que nous essayons de déployer, parfois à tâtons, au fil de notre existence. Je n'ai jamais abandonné la foi de mon enfance. Ou plutôt, je ne l'ai, en apparence, jamais abandonnée. Pour parler très simplement, il me semble que je peux dire aujourd'hui que, pendant une certaine période, j'ai comme mis ma foi dans ma poche avec un gros mouchoir dessus. Je continuais à pratiquer, en grande partie pour ne pas choquer mes parents, que j'aimais et respectais beaucoup. Mais une fois entrée à l'Université, plus précisément à la faculté de philosophie, on pourrait presque dire que ma nouvelle « religion » était vraiment la recherche rationnelle, très spéculative, que ce soit en mathématiques ou en philosophie. Il faudra attendre des années pour que la rencontre avec Aimé Forest me fasse brusquement découvrir un autre univers philosophique, des philosophes qui semblaient me dire : « Attention, tu es en train de te laisser fasciner par l'illusoire. Tu vas finir par croire que l'intelligence rationnelle peut tout. Or, dans la vie, remarque bien que l'intelligence purement rationnelle ne règle pas les vrais problèmes. En tout cas, ce n'est pas elle qui va te rendre heureuse. » Et voilà! La notion de bonheur venait subitement s'infiltrer en moi; elle a été comme inoculée dans ma vie. Ce qui devenait essentiel, en fait, était ce qui allait répondre à la question : « Concrètement, qu'est-ce qui va te rendre durablement heureuse dans la vie ? » Pour moi, cela est devenu la question clé, philosophiquement et existentiellement parlant. Tandis que jusque là, la question clé était : « Comment construire une pensée rationnelle et scientifique solide, bien articulée, intellectuellement gratifiante… qui explique le monde ? » Vous voyez le fossé entre les deux questionnements.

Quel âge aviez-vous, à ce moment là ?

Au moment de la rencontre avec Forest, j'avais 23 ans. Deux ans auparavant, j'avais terminé une maîtrise en philosophie dont la recherche portait étrangement sur les rapports de la raison et de la foi chez Galilée. Galilée! encore quelqu'un de fascinant. J'avais déjà commencé à enseigner la philosophie à des jeunes qui avaient presque mon âge. C'est alors qu'il m'a été donné de découvrir cette autre dimension de la quête philosophique. Je ne dirais pas que cette découverte a remis les choses en question; je dirais plutôt qu'elle a remis les choses en place. Je n'ai pas abandonné mon intérêt pour Hegel ni d'ailleurs pour les mathématiques. Mais ils sont tout à coup devenus relatifs par rapport à quelque chose de plus fondamental et de plus essentiel dans ma vie intellectuelle comme dans mon existence.

Et qu'est-ce qui pouvait «vous rendre durablement heureuse»?

Augustin dit que la question du bonheur est la question la plus universelle. En ce sens, lui-même, comme grand chercheur du bonheur, est universel et, du coup, contemporain aussi. Alors qu'est-ce qui peut me rendre durablement heureuse? Une réponse a surgi, qui n'était pas d'abord religieuse mais purement philosophique: en définitive, s'il y a quelque chose, s'il y a une pensée, s'il y a une réalité qui peut te rendre heureuse, il faut qu'elle convoque la totalité de ta personne. Il suffit qu'un seul aspect de ta personne soit laissé de côté, pour que le bonheur – le vrai – ne soit pas au rendez-vous. C'est cette réalité, que je me suis mise à chercher. J'ai commencé alors une sorte d'exploration quasi systématique. Je connaissais déjà l'essentiel des grands courants philosophiques. J'avais parcouru et parfois exploré l'univers de ce qu'on pourrait appeler les grandes religions. Et presque soudainement une sorte d'évidence s'est imposée à moi. Comme si quelque chose était tout à coup mis en lumière; c'était la force, la beauté et la vérité du message des évangiles. Mais pas seulement cela! À la source du message, je découvrais quelqu'un. Je découvrais ce qu'avait de radicalement différente la rencontre avec le Christ, avec Jésus reconnu comme Fils de Dieu. Je découvrais aussi que Jésus, reconnu seulement comme un sage, ne pouvait pas combler en moi ce besoin d'ultime, ce besoin de transcendance radicale. Mais mon goût pour l'argumentation philosophique ne perdait rien dans cette découverte.

J'avais traversé un certain nombre d'épreuves dans ma vie et je commençais à avoir une conscience claire de mes limites, non celles de mes désirs mais de mes capacités à les réaliser. Plus que cela, j'éprouvais l'être humain en moi comme un être limité. Placée devant ces limites, je me disais: «Ce n'est donc pas toi qui va pouvoir te combler toi-même; et ce n'est pas non plus un autre être humain qui le pourra. Mais alors, si c'est vraiment un Être absolu, un Être transcendant, Dieu – appelons-le philosophiquement comme on veut –, qui peut combler ton existence, quel est ce Dieu? Allons examiner les grandes religions, les spiritualités reconnues.» En demeurant toujours sur le plan philosophique, sur le plan de l'argumentation raisonnée et raisonnable, la seule religion que je trouvais capable d'engager la totalité de mon être était la religion chrétienne, et plus précisément la religion catholique, parce qu'elle insistait beaucoup sur le message évangélique de l'Amour. Nous parlions de rencontres, tout à l'heure... Eh bien, la question philosophique de la relation à l'autre devint prioritaire au point d'en faire l'objet de recherche de mon doctorat. Je me disais: «Ce qui peut te rendre heureuse ne peut pas laisser de côté ton besoin d'amour, ton besoin d'être aimée, mais aussi ton besoin d'aimer, ton besoin de justice ou d'autres valeurs, qui sont également des besoins d'aimer, en fait, d'aimer l'autre.» Il me semblait que, lorsque dans mon enfance, on me parlait de la foi, on avait laissé de côté ces questions. Je redécouvrais donc, mais comme avec des yeux neufs, que le message chrétien était fondamentalement un message d'amour qui me permettait de ne rien laisser de côté de ma nature humaine, y compris mon intelligence rationnelle. Mais oui, c'est beau d'aimer la vérité, de vouloir comprendre le monde! Il ne laissait pas de côté non plus ma réalité charnelle, ni ma réalité affective. Et il promettait de combler bien sûr mon besoin spirituel.

Votre découverte de l'Amour, votre découverte de Dieu semble être le résultat de votre propre recherche, d'un examen rationnel des différentes options philosophiques et des différentes religions. Mais n'est-ce pas aussi l'Autre – Dieu – qui s'introduit tout à coup subrepticement dans votre univers et appelle à être reconnu? Dieu n'est-il pas lui aussi venu à vous? Et de quelle façon s'est-il manifesté à vous, Thérèse Nadeau-Lacour, qui avez étudié les expériences de grands mystiques? Vous citez par exemple Augustin: «Si tu veux trouver Dieu, abandonne le monde extérieur et rentre en toi-même, mais ne demeure pas en toi-même.»

«Mais ne reste pas en toi-même.» Ce que vous dites là est vraiment très profond et m'oblige à vider mon cœur. D'abord, il est nécessaire d'être clair sur un point....

C'est profond, parce que je m'inspire de vos écrits!

... je n'ai pas eu de révélations privées ni d'expériences spirituelles mystiques spectaculaires ou extraordinaires.

Comme Thérèse d'Avila a pu en avoir?

Comme Thérèse ou tant de mystiques. Ce n'est d'ailleurs pas cela qui fait les mystiques non plus. Simplement, les événements importants de mon existence relèvent tous de ce que j'ai déjà appelé une rencontre. Il s'agit là d'un mot clé, un mot pilier pour dire ce par quoi je suis. Il y a toujours quelque chose de mystérieux dans une rencontre, lié à la liberté des êtres qui se rencontrent. Vous ne pouvez jamais prévoir une rencontre. Vous pouvez prévoir de décorer votre appartement, de mettre de belles fleurs, d'apprêter un bon repas, mais l'autre (l'Autre) peut ne pas venir. Ou bien l'autre peut venir, mais ne pas avoir la qualité de présence que vous espériez. Ou encore, vous pouvez vous-même ne pas être disposé à… Il y a donc toujours une part de mystère et d'imprévisible dans les rencontres. Cela me réjouit de voir qu'en fait, les récits évangéliques qui nourrissent la foi, la religion chrétienne, sont une suite de rencontres. Quand vous ouvrez les Évangiles, Jésus n'arrête pas de rencontrer des personnes. Il ne rencontre pas des foules, Il rencontre des personnes : Zachée, la Samaritaine, la femme accusée d'adultère, etc. Ce sont des personnes, singulières, uniques. Le regard de Jésus… Ce sont des rencontres, et des rencontres totalement imprévisibles, du moins à vue humaine. Quelles que soient les démarches des personnages pour rencontrer Jésus, c'est toujours Lui, en dernière instance qui a l'initiative de ce qui fera que la relation devienne rencontre féconde. Une initiative qui attend la libre réponse de l'homme ou de la femme, mais qui est première. Le jour de la Toussaint, la liturgie catholique invite à relire une fois de plus le texte de Matthieu, le texte des Béatitudes. Ce que dit le texte : « […] Il s'assit et ses disciples vinrent auprès de Lui. Et, prenant la parole, Il les enseignait (Mt 5,1)… » Il n'enseigne pas à la foule avec un haut-parleur, ni avec un micro, bien entendu. Jésus enseigne à ceux qui ont fait la démarche de s'approcher de lui, parce que, si on n'a pas d'abord eu en nous le désir de nous approcher de cette source vivante, on ne pourra pas accueillir le message. Mais la source de ce désir, quelle est-elle ?

Vous avez fait ce mouvement de vous rapprocher de lui, mais est-ce que vous pouvez témoigner et dire que Dieu lui-même s'est en retour rapproché de vous et vous a rencontrée ?

Oui. Et je dirais qu'il m'a donné de le rencontrer par l'entremise de médiations. Je crois, par exemple, que ma rencontre
avec Aimé Forest a été une de ces médiations majeures. Bien
entendu, en disant cela, je fais une relecture de mon existence. Mais nous pouvons le dire dans des termes spirituels
plus accessibles : il me semble que tout ce qui compte comme
essentiel, dans ma vie, était imprévisible, et en fait relève de
rencontres qui sont venues combler ou révéler en moi un désir
ou un besoin fondamental, parfois non analysé. Aujourd'hui,
je dirais : « C'est la manière que Dieu avait de m'aimer. » Il est
passé par ces médiations, et cela est merveilleux et fait monter en moi un sentiment de reconnaissance éblouie : Dieu
passe par d'autres personnes pour nous rejoindre. Il a voulu
avoir besoin de passer par d'autres personnes pour me rejoindre. Cela est pour moi essentiel maintenant.

**Mais vous avez beaucoup écrit sur la mystique, sur l'expérience
que l'on fait de Dieu. Quand on parle des mystiques, et quand
eux-mêmes nous parlent de leur expérience de Dieu, ils ne
disent pas que Dieu est passé par d'autres personnes pour les
rencontrer. N'y a-t-il pas un contact plus direct à des moments
plus précis ?**

Il faudrait certainement nuancer cette affirmation, car il y a
de nombreuses médiations chez les mystiques. Mais ce dont
vous parlez, oui, c'est ce qu'on appelle généralement les expériences mystiques. Celle de Thérèse d'Avila, par exemple. Je
ne parle pas ici des phénomènes extraordinaires tels que des
lévitations, par exemple. Tous les mystiques disent qu'ils ne
souhaitent pas ces phénomènes, et même qu'ils les craignent,
d'une certaine manière, car cela les met en porte-à-faux avec
leur entourage, surtout quand ces manifestations se passent
en public. Ils disent tous que ce n'est pas cela le plus important. Le plus important, c'est en fait une réalité à laquelle tout
être humain est appelé, justement une rencontre intérieure et

personnelle, et c'est là qu'intervient l'importance de la méditation et surtout de l'oraison comme lieu privilégié de cette
rencontre intime. Thérèse d'Avila définit l'oraison comme un
conversar, comme une conversation, comme un cœur à cœur
avec Dieu. Se placer simplement en présence de Dieu, et Lui
dire : « Écoute, je crois, je sais que c'est Toi qui peux me combler. Regarde ce que je suis. Je viens Te dire que, malgré ce
que je suis, avec mes limites et mes faiblesses, je veux être et
rester en Ta présence. »

**Quand vous formulez cette prière spontanée, qu'est-ce qui vous
prouve que ce n'est pas à vous-même que vous parlez ? Qu'est-ce
qui vous assure qu'il y a là une Présence. Qu'est-ce qui, ultime-
ment, fait que vous êtes certaine que c'est Dieu qui est là et non
pas vous-même avec vous-même ?**

Voilà une excellente question. De fait, les spirituels ont raison
de s'interroger à propos de la nature de leur expérience vécue :
« Suis-je dans l'illusion ? » Et les mystiques posent souvent
cette question. Mais ils répondent rarement par eux-mêmes :
ils vont chercher des « contrôles », un discernement auprès de
personnes qui font autorité dans ce domaine, alors qu'intérieurement, ils ont comme l'assurance, une assurance trem-
blée, que c'est bien Dieu qu'ils ont rencontré. Dans l'histoire
de la mystique, à certaines occasions, des confesseurs ou des
directeurs spirituels ont pu dire à tel ou tel mystique : « Non,
non. Là, c'est l'œuvre du Malin. » C'est arrivé quelquefois à
Thérèse d'Avila et, sur le champ, elle obéit. Dans ces cas très
précis, l'avenir a montré que le directeur s'était trompé. Alors
quel est le critère ? Je dirais volontiers que le critère est à chercher dans les fruits de l'événement. Ce que tu dis avoir vécu
te fait-il grandir dans ton amour des autres ? À mon avis, c'est
la question clé.

**Ne vous êtes-vous pas posé un peu les mêmes questions ? Vous
avez dû vivre quelques expériences semblables, non ? Avez-vous**

douté? Même encore, quand cela se produit, comment réagissez-vous?

Vous savez, on peut écrire sur les mystiques sans avoir vécu d'expériences mystiques soi-même. Il est important de le rappeler.

Je ne parle pas de mystique au sens de lévitation, mais je pense à une prière très purifiée.

Monsieur Lesage, je suis très sérieuse quand je dis que nous sommes tous appelés... Sinon, nous n'aurions pas en nous ce désir profond de dépassement de nous-mêmes, désir que nous ne pouvons pas nous donner nous-même. Nous sommes tous appelés à une relation avec quelqu'un qui nous dépasse. En reconnaissant ce Quelqu'un qui me dépasse dans le Dieu chrétien de l'Amour, je rejoins une des plus grandes traditions spirituelles depuis 2000 ans. Mais ma réflexion philosophique ne contredit pas cette adhésion; par exemple, l'intelligence rationnelle peut reconnaître que c'est par l'Amour que la totalité de mon être peut être intégrée. Nous sommes tous appelés à cela, sinon nous ne porterions pas ce désir en nous.

Je pèse mes mots quand je dis que nous sommes tous appelés à développer en nous notre dimension mystique ou à désirer le faire. Quand vous me demandez à quoi je peux reconnaître en moi, ou chez les autres, en direction spirituelle par exemple, qu'une expérience est authentiquement spirituelle, je réponds qu'un des premiers critères est la croissance de la charité. «Ce que tu appelles ton expérience spirituelle te fait-elle grandir dans tes relations avec les autres? Et aussi te fait-elle croître humainement?» Ce qui m'unit à Dieu-Amour ne peut que m'unir davantage aux autres. Je reviens une fois de plus à Thérèse d'Avila, car c'est elle qui a révélé ce critère de manière magnifique. Des prieures de ses couvents lui demandaient à la fin de sa vie: «Comment pouvons-nous savoir que nous aimons Dieu?» Et sa réponse était: «Demandez-vous si vous aimez les autres. » En d'autres mots, si tu dis « Oh, moi, je vis des expériences extraordinaires avec le Seigneur, je m'entends très bien avec Lui, les autres ne m'intéressent pas. », eh bien, tu peux être sûr que tu es dans une expérience spirituellement inauthentique, totalement inauthentique. C'est vraiment par la croissance de la charité, la croissance de la vérité et de la charité dans la relation aux autres, la croissance de la relation à toi-même aussi, la paix avec toi-même, intérieure... C'est là que tu découvriras si ce que tu es en train de vivre est authentiquement spirituel. Et quelquefois, ce n'est pas toi qui le découvriras, il faudra que d'autres t'aident à le découvrir. Le deuxième élément est que, généralement, plus on chemine dans l'aventure spirituelle – parce que c'est une aventure dans laquelle il y a toujours un mystère, un imprévisible –, plus on s'aperçoit qu'en fait, on est infiniment éloigné du but et qu'il nous est impossible d'y parvenir par nos seules forces. En d'autres mots, ce deuxième élément – et là nous allons à contre-courant de nombreuses doctrines actuelles qui s'affichent comme spirituelles – consiste à reconnaître que nous ne pouvons pas y arriver par nous-même. Les mystiques appellent cela l'humilité.

Passons, si vous le voulez bien, à votre dernière découverte : Marie de l'Incarnation. Plusieurs savent de cette femme qu'elle avait laissé son fils à Tours pour venir au Canada, après être devenue ursuline. N'est-ce pas inhumain comme décision ?

C'est plus complexe que cela, en fait. D'abord, lorsque Marie de l'Incarnation est partie pour le Canada, son fils avait tout de même 19 ans ! Cette femme est une des plus grandes mystiques, – et même peut-être, pour certains, la plus grande comme le laissent entendre des commentaires tels que ceux de Charles-André Bernard, un spécialiste de la théologie spirituelle qui a été pendant de longues années professeur à l'Université Grégorienne. Enfin, il ne s'agit pas de distribuer des médailles...

C'est une expression assez forte : « la plus grande des mystiques »...

Dans les dernières années de sa vie et de son enseignement, Charles-André Bernard (jésuite et professeur de théologie spirituelle) a écrit trois livres, trois gros volumes, dont le dernier, paru en 2001, s'appelle *Le Dieu des mystiques*. Bernard termine ces trois volumes, par 50 pages entièrement consacrées à Marie de l'Incarnation. C'est avec elle qu'il fait la synthèse des mystiques du christianisme, pas seulement, bien entendu, parce qu'elle a eu à vivre, dans sa vie de femme, tous les états de la vie : célibataire, épouse, maman d'un enfant, veuve à l'âge de 20 ans, chef d'entreprise...

Elle est arrivée à Québec en 1639, n'est-ce pas ?

Parmi les tout premiers colons, puisqu'il y avait à peine 300 habitants quand elle est arrivée à Québec. Là, tout en étant une missionnaire, une fondatrice, il fallait qu'elle s'occupe de tous les problèmes matériels, par exemple celui d'un monastère à reconstruire après l'incendie qui l'avait ravagé en une nuit d'hiver alors qu'il n'était pas fini de payer, etc. C'est elle qui s'est occupée de toute cette intendance. En même temps, elle vivait des états mystiques exceptionnels dans sa relation à Dieu. Pour essayer de la comprendre ou du moins d'approcher le mystère de sa vie, il faut aller plus loin que ce que la femme d'action laisse paraître. Elle n'aurait pas pu faire tout ce qu'elle a réussi à faire matériellement, sur le plan de ses fondations, si elle n'avait pas été appuyée sur un roc, et ce roc n'était pas seulement le cap de Québec ; ce roc est un roc intérieur : une relation tout à fait unique avec Dieu. Nous touchons là à quelque chose de très intéressant et de fondamental : la contemplation, ou la relation à Dieu, non seulement ne s'oppose pas à l'action, mais est plutôt comme nécessairement liée à l'action. C'est dans sa contemplation, dans sa relation avec Dieu, dans sa docilité à l'œuvre de l'Esprit en elle, que Marie de l'Incarnation puisait tout ce qui lui permettait d'agir, et d'agir avec justesse, avec discernement, quelquefois même avec autorité, parce qu'il fallait prendre des décisions, souvent difficiles.

Qu'est-elle allée chercher en vous que de grands mystiques ou auteurs comme Augustin ou Thérèse d'Avila n'avaient pas atteint? Comment Dieu s'est-il révélé à vous d'une manière nouvelle par Marie de l'Incarnation?

D'abord, je me permets de rappeler que les mystiques ne nous apprennent rien d'autre sur Dieu que ce que nous pouvons en découvrir dans les Évangiles et la Tradition. Mais ils nous montrent très concrètement que Dieu peut nous être familier, parce qu'il leur a été familier. Dieu, le Dieu-Amour, le Dieu-Trinité, est pour Marie de l'Incarnation un familier. Mais la question que vous me posez me rappelle celle qu'on posait à Montaigne à propos de son ami La Boétie et que je résumerais ainsi: «Pourquoi as-tu telle personne pour ami, plutôt que telle autre?» Mais il est vrai que Marie de l'Incarnation est devenue pour moi comme une amie. Je ne la connaissais pas avant de venir au Québec. Maintenant, elle fait partie de ma vie.

Rappelons au passage que vous êtes arrivée au Québec en 1990, 350 ans après Marie de l'Incarnation.

Et je suis arrivée presque au même âge où Marie de l'Incarnation était arrivée en Nouvelle-France. Cette coïncidence quelque peu anecdotique a eu pour effet d'éveiller ma curiosité et je me suis demandé: «Comment cette femme-là a-t-elle vécu son arrivée en Nouvelle-France? Comment a-t-elle vécu ce grand départ, puis son adaptation à un monde étrange, étranger et même hostile?» Comprenez bien que 400 ans ou presque nous séparaient, alors il ne s'agissait pas d'imiter Marie de l'Incarnation, bien sûr. Mais j'ai découvert une femme qui n'avait rien d'obsolète ou de poussiéreux. J'ai découvert que, justement, elle pouvait devenir une compagne de route, parce qu'elle disait l'essentiel, et vivait de l'essentiel, un essentiel que je résumais ainsi : «Si tu vis un déracinement, tu vis comme en exil. Quand tu traverses l'Atlantique, même aujourd'hui, tu vis un déracinement, tu vis une épreuve. Et qu'est-ce qui peut permettre de surmonter une telle épreuve? Si tu n'as pas de racines, tu ne la surmonteras pas, cette épreuve. Tu pourrais dire: "Mais on m'a déracinée! Et une vieille plante qu'on déracine met plus de temps à reprendre." Eh bien, non, on ne t'a pas déracinée. On ne peut pas le faire, car si ton cœur est bien enraciné, il ne sera jamais déraciné.» Mais alors, quel doit être le terreau dans lequel il faut planter son cœur, planter sa vie? Marie de l'Incarnation m'a vraiment beaucoup appris en ce domaine. Entre autres, ceci : «Tu ne dois pas déserter ton amitié avec Jésus, le Verbe incarné, selon son expression. Nourris cette amitié avec le Christ, voilà quelles sont tes racines. Sur ces fondations, tu pourras bâtir; sur cela, tu pourras construire. Ce sera ton souffle, au sens propre, l'Esprit. Ce sera ton souffle, le fond de ton âme, la respiration de ta vie. Et non seulement cela t'aidera, mais cela nourrira ton action, cela nourrira toute ton existence. Et cela te permettra de traverser tes épreuves, d'aimer les autres, de les accueillir.» Bien sûr, il n'est pas question d'accomplir ce que Marie de l'Incarnation, dans sa singularité, a accompli à une époque qui n'est plus la nôtre. Mais elle est quelqu'un qui m'accompagne véritablement parce que, au-delà des distances, des différences, elle parle de ce qui ne passe pas et qui l'a fait vivre. Je ne crois pas rester une semaine sans lire tel ou tel passage de ses écrits et sans découvrir que, quand je la lis, j'ai l'impression de lire une contemporaine. Bien sûr, il faut faire parfois l'effort de redécouvrir le sens de certains mots ou de certaines expressions… Par exemple, l'autre jour, je découvrais un mot qui n'est pas dans le dictionnaire : le

mot incorrespondance : « Il ne faut pas que tu vives des incor-
respondances. », dit Marie de l'Incarnation.

Des incorrespondances ?

Nous dirions aujourd'hui : « Il faut que tu sois authentique. »
C'est-à-dire : « Il faut que tu correspondes vraiment à ce que
tu es au fond de toi-même. Et au fond de toi-même, le plus
authentique est le mystère de ta relation intime avec Dieu. Il
ne faut pas que tu sois dans l'incorrespondance, sinon tu ne
seras pas heureux. » C'est magnifique !

**Votre parcours ressemble donc un peu à celui de Marie de
l'Incarnation, à tout le moins géographiquement. Vous êtes
toutes deux parties de France pour vous établir au Québec.
Elle, elle a laissé derrière elle un fils ; vous, vous êtes partie
rejoindre votre mari, qui était Québécois. J'ai rencontré des
Françaises qui sont venues ici explicitement avec le souci de
réévangéliser le Québec, comme ces missionnaires ou ces pionnières venues il y 400 ans. Est-ce que vous vous sentez investie
d'une telle mission ?**

Je suis venue rejoindre mon époux. J'étais dans un tout autre
registre que celui de Marie de l'Incarnation. Mais je suis aussi
venue comme enseignante. Enseigner est pour moi une passion, et j'aurais été très malheureuse si je n'avais pas pu le faire
au Québec. Or la personne qui est en situation d'enseigner,
enseigne, consciemment ou parfois inconsciemment, non
seulement avec ce qu'elle sait mais aussi avec ce qu'elle est. En
ce sens, il ne peut pas y avoir d'enseignement neutre. D'une
certaine manière l'enseignant est objectivement dans une
situation de témoignage. Et lorsqu'il s'agit d'enseigner la
théologie spirituelle chrétienne, cette part de témoignage
prend une couleur particulière dans laquelle on pourrait aller
jusqu'à reconnaître une forme singulière d'évangélisation. De
toute façon, un chrétien ou une chrétienne, conscient de sa
condition de baptisé, est appelé par ce seul baptême à être en

mission. Pourquoi, sous prétexte de je ne sais quelle «neutralité» académique, d'ailleurs impossible, je chercherais à nier cette réalité en me disant: «Surtout pas! Moi, je ne veux pas évangéliser, je ne dois pas évangéliser!»? Mais cette attitude elle-même serait un témoignage de mon rapport à ce que je dis être ma foi. «Malheur à moi, si je n'annonce pas l'Évangile», disait saint Paul. J'ose, bien pauvrement, faire miennes ces paroles, et j'espère que je l'annonce aussi, même très imparfaitement, dans ma manière d'être, dans ma manière de vivre. Mais cela ne dépend pas seulement de moi; c'est encore une grâce!

11

FRANÇOISE DEROY-PINEAU
La chasse aux pionnières

Ah, le lieu central de ma foi! Moi, je vais citer
Marie de l'Incarnation et bien d'autres: «Il est
indicible, Il est à une telle profondeur et tellement
insaisissable: comment peut-on en parler?»

*Dans notre entretien, Françoise Deroy-Pineau a été fidèle à une
intuition; elle a parlé de sa foi par l'entremise de quelques personnages de notre histoire qu'elle a fréquentés, qu'elle a aimés et
admirés. Comme Marie de l'Incarnation, elle est une femme de
foi et une écrivaine qui a quitté Tours pour venir en terre d'Amérique. Elle y vit encore, comme épouse, mère et grand-mère. Elle
détient un doctorat en sociologie et travaille au Québec comme
journaliste. Parmi ses ouvrages, mentionnons quatre biographies
qui portaient sur des pionnières de la vie en Nouvelle-France,
parfois des femmes d'action, toujours des femmes spirituelles et,
dans un cas, une femme essentiellement mystique. Ces biographies sont celles de Marie Guyard de l'Incarnation, de Madeleine
de La Peltrie, de Jeanne Mance et de Jeanne Leber. Sa dernière
biographie, un peu à part, est celle du frère André. Ces livres nous
font retracer son cheminement spirituel. Marie de l'Incarnation
a changé le cours de sa vie. Depuis deux ans, Françoise Deroy-*

Émission diffusée le 8 mars 2007.

Pineau s'occupe de l'association Touraine-Canada qui gère un lieu de mémoire commun franco-québécois: la chapelle Saint-Michel de Tours.

∾

Vous avez découvert Marie de l'Incarnation après avoir fait vous-même ce voyage, ce départ de Tours pour venir vivre à Montréal. Vous ne la connaissiez pas auparavant?

Je la connaissais auparavant, parce que, par un hasard assez étonnant, j'habitais Tours étant enfant. Or, une professeure d'histoire, un jour où elle nous emmenait voir les restes des arènes romaines de Tours, nous avait montré une petite chapelle – très laide d'ailleurs – en nous disant: «Vous voyez, cette chapelle?» Bien sûr, les petites filles que nous étions voyaient bien une ruine, un bâtiment vraiment pas beau… «Eh bien, il y a des Canadiens qui viennent s'y recueillir et s'y agenouiller. Et ce sont les communs de l'établissement scolaire à côté. C'est scandaleux, et il faut que cela change!» J'avais donc quand même une petite idée qu'il s'était passé quelque chose à cet endroit-là. Par ailleurs, une religieuse infirmière qui venait soigner maman, malade à l'époque, m'avait dit: «Vous savez, il y avait une certaine Marie de l'Incarnation qui habitait dans ce quartier. Elle travaillait sur le port, le port de Tours, qui n'existe plus, au bord de la Loire. C'était une femme remarquable, une grande mystique. Elle est partie au Canada et tout le monde l'a oubliée à Tours. C'est scandaleux!»

J'avais oublié tout ça. Mais revenue à Tours, participant à un colloque sur la langue française, et écoutant une communication intitulée «Marie de l'Incarnation, femme de lettres», présentée par l'archevêque, je me suis souvenue de ce que m'avaient déclaré cette professeure et cette religieuse infirmière, et je me suis dit: «Mais, au fait, cette Marie de l'Incarnation, qui est-ce ? J'en entends parler, je me retrouve à avoir quasiment mis mes pieds dans ses souliers, je passe par ses chemins, mais je ne sais pas qui c'est.» Et quelqu'un à qui je posais la question m'a dit : «Si tu ne sais pas qui c'est, tu aurais intérêt à le savoir, parce que tu es la personne qu'il faut pour le raconter à tout le monde. Il n'y a aucune biographie d'elle accessible au grand public, et si ce n'est pas toi qui la fais, personne ne la fera.» J'avais alors pris cela à la blague, mais, de fil en aiguille, avec les encouragements de plusieurs personnes, j'ai demandé une bourse au Conseil des Arts pour écrire sa biographie. Et, premier miracle de Marie de l'Incarnation en ce qui me concerne, j'ai obtenu la bourse. C'était une bourse pour un an, que j'ai délayée sur deux ans et qui m'a permis de faire une recherche, à Montréal surtout mais aussi à Québec et en France, sur Marie de l'Incarnation.

Là, j'ai refait tous ses circuits. Partout où elle était passée, j'ai voulu passer et regarder ce qu'elle avait vu, comment elle l'avait vu et ce qu'il en restait maintenant. Et j'ai beaucoup lu, non seulement ce qu'elle avait écrit... D'ailleurs, j'ai commencé par lire la première publication à son sujet, c'est-à-dire sa vie par son fils, dans le texte du XVIIe siècle. J'en ai pleuré, tellement c'était austère : les *s* y étaient des *f*, il y avait toutes sortes de vieilles formules auxquelles on a du mal à s'adapter au départ. J'ai donc regardé ce premier texte, et je me suis alors posé des tas de questions. Ensuite, j'ai consulté tous les livres d'histoire de l'époque concernant la découverte des nouvelles contrées, l'histoire de la Nouvelle-France, qu'on connaissait très peu en France à ce moment-là, puis l'histoire de la vie quotidienne à l'époque. Car je me posais tellement de questions, même sur les détails du quotidien : comment elle s'habillait, qu'est-ce qu'elle mangeait, comment est-ce qu'on voyageait à l'époque ?

Mais n'y avait-il pas d'autres raisons qu'une curiosité historique pour vous intéresser à cette Tourangère venue au Québec comme vous l'avez vous-même fait ?

Ces autres raisons étaient que, depuis que je suis toute petite, je suis fascinée par les mystiques, absolument fascinée. Vers l'âge de 13 ou 14 ans, j'ai dévoré la *Vie de Thérèse d'Avila,* par Marcelle Auclair, qui n'avait pas été rééditée depuis longtemps, je crois.

Ce livre se trouvait dans la bibliothèque de ma mère aussi.

Voilà ! Et donc, cela me fascinait. Cette manière d'être complètement anéanti dans une immensité qu'on n'ose même pas nommer, je trouve cela sidérant ! Quant à Marie de l'Incarnation, dès que j'ai su qu'elle existait, elle a rejoint des fibres en moi. Je parle de son trajet géographique, qu'on vient de décrire, mais surtout de son trajet spirituel. Je ne dis pas que je comprends tout ce qu'elle a écrit, ce ne serait pas vrai. Mais cela me fait vibrer. Quand elle parle d'océan, quand elle parle de «respir». Sa vie est toujours rythmée par le souffle, mais elle ne dit pas le mot souffle, elle dit le mot «respir». On sent chez elle une incarnation absolument extraordinaire de l'Être dans la chair, dans la réalité, dans la pâte humaine. Et elle fait constamment la liaison, comme Thérèse d'Avila le faisait à sa manière, entre ce qu'on peut appeler la spiritualité la plus profonde, c'est-à-dire la découverte d'un Autre à l'intérieur de soi-même, toujours fuyant mais toujours existant, et l'incarnation dans la vie quotidienne, le sourire, le détail, l'attention aux autres. Quand j'ai lu sa vie racontée par son fils, j'ai été accrochée de l'intérieur par ce bouillonnement, et en même temps cette sérénité qui fait qu'elle semble avoir été extrêmement conformiste, extrêmement docile et soumise à ce qui se faisait, alors qu'en réalité, elle était capable de faire tout ce qui ne se faisait pas, qui était inhabituel pour son époque.

Quelles étaient ses motifs, pour venir en Nouvelle-France ?

C'était une femme du XVIIᵉ siècle et une chrétienne convaincue. Elle était aussi absolument convaincue que les gens qui n'étaient pas baptisés catholiques aboutiraient en enfer, ce qui était à ses yeux épouvantable. Aussi se disait-elle que tous les nouveaux peuples qui avaient été découverts au siècle précédent, au XVIᵉ, notamment les plus pauvres d'entre eux, dont les Indiens d'Amérique du Nord, du nord-est de l'Amérique du Nord, iraient en enfer si on ne leur apportait pas la Bonne Nouvelle de l'Évangile de Jésus. Elle a donc voulu venir leur annoncer la Bonne Nouvelle et leur dire qu'ils n'iraient pas en enfer.

Quand vous avez quitté Tours pour venir au Québec, c'était au début de la Révolution tranquille. Le Québec était alors en pleine effervescence. Est-ce que vous aviez cette idée derrière la tête de venir « évangéliser les Québécois » ?

Pourquoi est-ce que je suis venue ici ? Bien, parce qu'on étouffait dans les structures trop conventionnelles de la France. J'ai vécu mai 68, mais les structures étaient encore très conventionnelles. Mon époux, Gaston Pineau, avait eu deux offres d'emploi, l'une à Ottawa, l'autre à Montréal. Il a choisi Montréal. Nous avons alors pratiquement pris le premier bateau.

En bateau, comme Marie de l'Incarnation…

Comme Marie de l'Incarnation ! Nous sommes arrivés en bateau. Nous avions pris le premier bateau possible pour venir à Montréal. Moi, je n'ai que suivi mon mari. Au départ, je n'ai que suivi mon mari, point. Parce que je ne voulais pas le quitter. J'ai abandonné mon poste en France, j'ai abandonné toute une organisation pour le bébé qui devait arriver, et cela pour venir en « ancienne Nouvelle-France », soit au Québec, où je n'avais pas de travail et où je n'avais pas d'assurance. En fait, c'était pour moi une très mauvaise opération financière que de venir à ce moment-là.

Ce n'était pas la situation de Marie de l'Incarnation.
Avant d'arriver à Québec, elle avait mobilisé des ressources incroyables parce qu'elle avait tout pour ne pas arriver : elle était pauvre, elle n'était pas noble, elle était provinciale, elle était une religieuse cloîtrée. Il a donc fallu qu'elle active ses réseaux sociaux pour réussir à obtenir toutes sortes d'autorisations, et puis de l'argent. L'argent, elle l'a trouvé par jésuite interposé : c'était la fortune d'une jeune veuve comme elle. Marie de l'Incarnation était veuve avant d'entrer chez les Ursulines, et cette autre jeune veuve, fortunée, Madeleine de La Peltrie, lui apporte non seulement sa fortune, mais aussi sa personne, pour l'aider. Elle arrive donc à Québec avec deux autres sœurs, ainsi que Madeleine de La Peltrie et sa suivante. Elles sont un petit groupe de cinq femmes venues pour fonder ce qui deviendra les Ursulines de Québec. Il leur arrive alors mille et une aventures.

À Québec, une bourgade d'environ 200 ou 300 habitants, Madeleine de La Peltrie, la bailleuse de fonds, connaît à peu près tout le monde, parce que la plupart de ces habitants viennent du Perche, un coin de la Normandie. Elle connaît notamment les principaux habitants, Robert Giffard, par exemple, et les frères Juchereau, qui passeront du temps par là eux aussi, et d'autres, comme Jean Guyon et bien d'autres artisans venus vers 1632, motivés par Giffard et les Juchereau. Marie de l'Incarnation et Madeleine de La Peltrie s'insèrent donc toutes les deux très vite au milieu de la population de la colonie, car elles ne sont pas des inconnues.

Et elles font la connaissance de ceux pour qui elles sont venues, les Amérindiens. Là, c'est la surprise! Parce que ce n'est pas la même civilisation, c'est le moins qu'on puisse dire! Pour des gens du XVIIe siècle, qui sont à cheval sur énormément de règles de l'étiquette, voir arriver les Indiens à moitié couverts de fourrures et à moitié nus l'hiver, ou presque complètement nus l'été, mais bien graissés contre les insectes, ça fait des surprises ! Mais les Indiens leur confient tout de suite des petites filles, ce qui fait qu'elles ne sont pas sitôt arrivées que deux ou trois jours après, elles ouvrent déjà leur pensionnat. Les Français, bien sûr, confient eux aussi leurs filles aux sœurs. Et l'établissement, qui n'est qu'une petite maison de trois pièces superposées – c'est-à-dire une pièce principale avec dessous une cave et au-dessus un grenier à travers le toit duquel on voit le ciel –, devient tout de suite le monastère, un vrai monastère, une vraie école et un vrai pensionnat. Il y a vraiment quelque chose d'ahurissant dans l'origine des Ursulines de Québec !

Marie de l'Incarnation est également une grande écrivaine mystique. Est-ce qu'on peut percevoir un peu ce qu'elle pensait, ce qu'elle ressentait intérieurement par rapport à sa démarche et à sa motivation dès le moment où elle est arrivée à Québec ?

On le sait parce qu'elle l'a écrit plusieurs fois. Elle a écrit deux autobiographies. La première, c'était à Tours, la seconde, elle l'a écrite plus tard, à Québec. Puis elle a écrit un nombre considérable de lettres. À ce moment-là, spirituellement parlant, elle était dans le désert. Alors qu'elle avait été gratifiée de toutes sortes d'expériences spirituelles quand elle était plus jeune, à Tours, une fois qu'elle eut traversé l'Atlantique, ce fut le désert complet, la sécheresse. En plus, elle avait quitté son fils, et cela lui a beaucoup coûté. Elle avait écrit que ses « os se déboîtaient », sur le quai de Dieppe, quand elle s'est embarquée sur le bateau. Spirituellement parlant, c'était donc le désert, elle ne savait plus très bien pourquoi elle était venue là, d'une certaine façon. D'un autre côté, dans son for intérieur, elle en était ravie. Et dans tous les sens du mot. Mais une autre partie d'elle-même, à tous points de vue, était désolée, dans le sens le plus fort du mot désolation. Matériellement parlant, c'était extrêmement dur. D'ailleurs, cela l'a motivée à écrire, parce qu'elle n'était pas sitôt arrivée qu'elle a dû écrire en France avant que les bateaux ne repartent pour demander qu'on lui envoie tout ce qu'il lui fallait : du fil, des aiguilles, des clous, des marteaux, tout pour pouvoir continuer à aménager cette maison et continuer à vivre. Elle était donc là, avec une vie spirituelle désertée, et en même temps une activité intense, fébrile. Elle dormait à peine, elle travaillait tout le temps, jour et nuit. Et ce fut comme cela jusqu'à sa mort. Parce que, quand elle était malade, au lieu de se reposer, elle apprenait les langues amérindiennes, elle rédigeait des grammaires, des dictionnaires et des catéchismes dans différentes langues amérindiennes.

L'œuvre de Marie de l'Incarnation n'aurait pas été possible sans l'appui de Madeleine de La Peltrie, sur laquelle vous avez également écrit une biographie. Vous avez également publié un ouvrage sur Jeanne Mance. Mais j'aimerais que l'on s'arrête surtout à autre femme que vous considérez aussi comme une grande mystique, Jeanne Leber, qui était Montréalaise d'origine, et que vous décrivez comme « fort belle, jolie et intelligente », et qui était une recluse.

Jeanne Leber, à mes yeux, était l'héritière spirituelle des principales mystiques de la Nouvelle-France. Héritière de Marie de l'Incarnation parce qu'elle a fait ses études chez les Ursulines de Québec, et héritière de Jeanne Mance, dont elle était la filleule. Elle habitait tout à côté de l'hôpital de Jeanne Mance. Héritière aussi des religieuses hospitalières de Saint-Joseph, qui étaient à l'hôpital avec Jeanne Mance et qui s'amusaient beaucoup, aux récréations, à venir écouter les mots de la petite Jeanne, âgée de cinq ou six ans. Héritière également de Marguerite Bourgeoys, qui était sa grande amie même si elle était plus âgée qu'elle : Marguerite Bourgeoys avait bien 20 ou 30 ans de plus que Jeanne Leber, mais elles étaient de grandes amies. Jeanne Leber est donc non seulement la première grande mystique connue née en Nouvelle-France, mais aussi l'héritière des premières pionnières, Marie de l'Incarnation et madame de La Peltrie, et de Marguerite Bourgeoys et Jeanne Mance.

C'est assez étonnant, vous dites : première grande mystique née en Nouvelle-France...

Oui.

Mais comment peut-on le savoir ? Elle n'a rien écrit sur son expérience.

En fait, elle n'a écrit que sur des questions juridiques, pour régler ses affaires et surtout pour faire des cadeaux. À 15 ans, elle était la plus riche héritière de Nouvelle-France, donc un parti très intéressant.

Mais vous, Françoise, qui avez lu Thérèse d'Avila lorsque vous étiez jeune, qui avez lu les lettres et les écrits de Marie Guyard de l'Incarnation, considérée comme une grande mystique, qu'est-ce que vous êtes allée chercher chez Jeanne Leber, qui a très peu écrit elle-même ? Comment peut-on explorer une démarche comme la sienne pour en arriver à dire que ce fut une grande mystique ? Elle est surtout une recluse, une personne qui vit complètement retirée, non ?

Oui, complètement retirée. Elle n'a pas écrit, c'est sûr. Mais Jésus non plus, n'a pas écrit, sauf sur le sable. Ce qu'on sait de Lui vient des Évangiles, de témoins qui l'ont connu. Ce qu'on sait de Jeanne Leber, c'est ce qu'en ont dit les gens qui l'ont connue. Or, il y a deux grands témoins qui ont écrit à son sujet, et qui ont écrit beaucoup de choses sur elle, des biographies importantes. Il y a d'abord eu le confident de son confesseur, et il y a eu le confident de sa suivante.

D'une certaine façon, elle avait une suivante parce qu'elle avait adopté une petite cousine. Cette petite cousine était entrée avec elle chez les sœurs de la Congrégation. Non pas que Jeanne Leber soit devenue sœur de la Congrégation, puisqu'elle était recluse chez ces sœurs après avoir été recluse chez son père. Mais cette petite cousine qu'elle a élevée chez son père s'occupait d'elle. Parce qu'elle était recluse dans sa chambre chez son père avant d'être recluse ailleurs, il fallait bien lui apporter à manger. Elle avait donc quand même un contact avec le monde, et ce contact, c'était cette enfant. Celle-ci, devenue grande, était entrée chez les sœurs de la Congrégation parce que Jeanne Leber s'y était retirée. Cette femme avait elle aussi un confident, qui a écrit une biographie bien documentée de Jeanne Leber.

Marguerite Bourgeoys, qui a écrit, a elle aussi parlé de Jeanne Leber. Puis il y a eu les Annales des Sœurs de la Congrégation et Marie Morin qui en a parlé dans les Annales des religieuses de l'Hôtel-Dieu. Et encore les Annales des religieuses de l'Hôtel-Dieu après Marie Morin, puis les Annales des Ursulines de Québec… Ce qui fait qu'on a quand même beaucoup de témoignages sur Jeanne Leber, et des témoignages qui révèlent que c'était une très grande mystique.

Pour vous, comment s'établit le fait qu'elle était une grande mystique ? Pourquoi était-elle une grande mystique ? Que vous a-t-elle transmis à vous-même ?

C'est une question piège, ça !

C'est une question qui mérite réflexion, c'est vrai. Je vous donne donc deux secondes pour y penser…

Jeanne Leber avait deux aspects fascinants pour moi. D'une part, elle ne disait rien. Elle parlait très peu. Par exemple, un jour, chez les Ursulines de Québec, alors qu'on lui demandait quel rôle elle voulait tenir pour le jeu de la crèche – car chaque année il y avait un spectacle de Noël monté par les Ursulines…

Elle a choisi l'âne ?

Non, non, pas du tout ! Elle a dit : « L'Enfant Jésus, parce qu'Il ne dit rien, parce qu'Il ne dit mot. » C'était une personne capable de rayonner malgré son silence. Je trouve cela absolument fascinant : elle n'avait pas besoin de parler pour être rayonnante et faire passer des messages. D'ailleurs, Marie de l'Incarnation était elle aussi dotée de cette faculté. D'après son fils, elle n'avait pas besoin de parler, quand il était petit, pour qu'il comprenne ce qu'il fallait faire. Mais Jeanne Leber, elle, s'impose. Elle s'impose par ce qu'elle est et non par ce qu'elle dit. Je trouve cela extraordinaire, cette communication sans paroles ! D'après les témoins, c'est quelque chose qui émanait d'elle et qui était fascinant.

Et puis il y a l'autre côté de sa personnalité. Comme toutes les contemplatives qui semblent ne rien faire, elle faisait pourtant preuve d'une activité intense. Elle travaillait de ses mains. Elle faisait des vêtements pour les pauvres. Elle brodait, elle brodait magnifiquement bien. Elle brodait des chasubles, des nappes d'autel, des ornements liturgiques. Il en reste quelques-uns, qui sont exposés à la ferme Saint-Gabriel, dans le sud-ouest de l'île de Montréal. Quand on voit les broderies qu'elle exécutait et qu'on les compare avec les broderies que réalisaient les religieuses de la même époque en France, on s'aperçoit que, bien sûr, elle était inspirée par son époque, mais qu'il y avait chez elle une inspiration qui venait vraiment d'une intériorité des plus profondes. Elle n'a pas recopié des modèles de France. Elle ne s'en est qu'inspirée, parce que c'est la même époque. Mais il y a quelque chose dans ses broderies, un jaillissement, une vie intérieure qui se communique par le jeu des couleurs et des formes : c'est extraordinaire !

C'est un exemple de ce qui me fait dire que Jeanne Leber est une grande mystique. Et si, un jour, quelqu'un peut décoder, par les émotions qui surgissent lorsqu'on admire ses broderies, la spiritualité qui les a inspirées, je crois qu'on pourrait découvrir beaucoup de choses. Voilà d'où vient ma fascination pour Jeanne Leber. Du grand art qui transcende l'œuvre lui-même ! Quand on admire une œuvre d'art et que c'est un grand artiste qui l'a créée, des émotions surgissent. Les artistes saisissent des instants particuliers, et ces instants vont chercher les observateurs jusque dans des recoins de leur âme. C'est ce que je trouve fascinant chez Jeanne Leber.

Je vous comprends et je vous suis tout à fait. Mais ce qui m'étonne davantage, c'est lorsque vous dites qu'elle ne disait mot, qu'elle ne disait rien.

Elle ne disait rien, mais ses idées passaient quand même. Par exemple, un jour, deux pasteurs anglicans sont allés la voir, parce qu'elle était quand même une curiosité. Même à Québec, on en parlait. Ils sont donc allés la voir et n'ont pas pu s'empêcher de dire : « Ce n'est pas possible, une fille qui est si jolie, qui a tant d'argent... Mais qu'est-ce qu'elle fait là ? » Mais c'est qu'elle avait le sens de la repartie ! Alors quand on lui posait des questions et qu'il fallait qu'elle réponde, elle répondait ! Et elle donnait des réponses pertinentes. Je ne pourrais malheureusement pas en citer comme ça, de mémoire. Mais elle étonne les gens, parce qu'elle répond fort bien. Elle les étonne aussi parce qu'elle a une présence extraordinaire.

En m'intéressant à Jeanne Leber, en étudiant ce qu'on a dit d'elle, j'ai compris pourquoi, au Moyen Âge, on mettait des auréoles aux saints. Il y a des gens qui sont entourés d'une sorte de halo, si l'on peut dire, une aura qui n'est pas une auréole, mais qui est une irradiation resplendissante. Il advenait un type de communication qui n'a rien à voir avec la parole. D'où mon intérêt pour Jeanne Leber et son silence éloquent.

Votre dernier livre peut étonner, puisqu'il porte sur le frère André. On vient de parler de Jeanne Leber, qui ne parlait pas du tout. Était-ce aussi le cas du frère André ?

Il ne parlait pas beaucoup, mais il parlait.

En tout cas, il parlait sans doute un peu plus que Jeanne Leber…

Il s'exprimait. Quand on lui demandait de le faire. Si on ne lui demandait rien, il ne disait rien, ça c'est sûr. Mais plus il avançait dans la vie et plus on le lui demandait, alors plus il parlait.

Pour vous, écrire cette biographie a sans doute été tout à fait différent. On est encore dans la sphère religieuse, dans le monde de la spiritualité, mais passer de ces quatre femmes au frère André, qui a vécu 300 ans après Marie de l'Incarnation…

Au départ, je ne voulais pas le faire, pour deux grandes raisons. La première est que, pour chacune des pionnières, j'avais tenté de m'identifier au personnage. J'avais vraiment essayé d'entrer dans leur peau, dans leur dynamique et dans ce qui les faisait vivre. Mais je ne me voyais pas du tout tenter d'entrer dans la peau d'un homme. En plus, je suis plutôt grande et d'origine française : le frère André était tout petit et était un Canadien «pure laine». Je me disais : «Jamais! Et puis un cultivateur! Moi qui suis une fille de la ville… Jamais je ne comprendrai le frère André!» En plus, il fallait tout apprendre sur le XIXᵉ siècle après avoir tout appris sur le XVIIᵉ. Je ne voulais donc pas entreprendre cela. Puis, devant l'insistance de certaines personnes, j'ai fini par me laisser convaincre. Et je me suis laissée «séduire» par le frère André. Mon intuition, qui est peut-être complètement folle, est qu'il a été comme une lumière pour le Québec, comme l'a été François d'Assise pour l'Italie.

C'est surprenant mais riche comme intuition. Mais comment imaginer un lien, un lieu de passage entre les quatre femmes dont on vient de parler et le frère André de Montréal?

Le point commun avec les pionnières est saint Joseph. Il faut dire que tout ce qui s'est passé en Nouvelle-France au XVIIᵉ siècle – à commencer par les entreprises de Champlain et ensuite des Récollets, puis de Marie de l'Incarnation, et puis des Jésuites –, tout ce qui s'est passé en Nouvelle-France donc, n'a réussi qu'après des invocations à saint Joseph. Saint Joseph a été le patron de la Nouvelle-France depuis le début du XVIIᵉ siècle, depuis Champlain. Tous les gens qui ont réussi quelque chose en Nouvelle-France avaient invoqué saint Joseph. Il y a entre saint Joseph et la Nouvelle-France un lien absolument extraordinaire. C'est flagrant! Cela ne veut pas dire que sainte Anne ou la Vierge Marie n'étaient pas importantes, mais Joseph, par rapport à la Nouvelle-France, il y a quelque chose là de très spécifique.

Ce lien s'est transmis de mère en fille par l'entremise de l'instruction. Les premières écolières des Ursulines, qu'elles aient été amérindiennes ou françaises, ont baigné dans un catéchisme où la figure de saint Joseph était très importante. Jusqu'à Clothilde Foisy, au XIXᵉ siècle, qui a accouché d'un petit Alfred malingre qui n'aurait pas dû vivre – le futur frère André – et qui était elle aussi imprégnée de cette spiritualité transmise de mère en fille depuis les premières institutrices.

Le lien, c'est donc Joseph. C'est la contemplation silencieuse et le travail bien fait, le savoir-faire manuel. C'est cela, le lien entre les pionnières et le frère André. C'est le savoir-faire, spécialement le travail manuel, et une spiritualité où saint Joseph est très important. Par exemple, Marie de l'Incarnation parle relativement peu de Marie, ce qui est étonnant, mais beaucoup de Joseph dès qu'il s'agit de la Nouvelle-France. Et le frère André, bien sûr, c'est Joseph! Dès que son père meurt, on a l'impression qu'il y a un transfert vers Joseph, qu'il le considère comme tel.

Vous me parlez de la dévotion du frère André pour saint Joseph, et de celle de Marie de l'Incarnation. Saint Joseph est-il important dans votre cheminement spirituel à vous?

Il l'est devenu. Comme pour beaucoup de gens, pour moi, ça a d'abord été Marie. Le Bon Dieu paraissant souvent très loin, on choisit un médiateur, ou plutôt une médiatrice : Marie médiatrice. Joseph, je n'y pensais pas beaucoup. Puis il est apparu dans ma vie avec Marie de l'Incarnation. Tout ce qu'elle a fait pour la Nouvelle-France, elle l'a accompli en priant saint Joseph. Bien sûr, il y a cette intuition très affective du cœur de Jésus qui vient chez elle. Bien sûr, elle pense à Marie – elle la voit dans ses rêves. Elle voit donc d'abord Notre Seigneur et ensuite Marie. Mais Joseph est tellement important dès qu'il s'agit de la Nouvelle-France ! Puis, on le voit réapparaître avec le frère André. Il est donc devenu pour moi aussi très important. J'ai pris l'habitude, comme le faisait Marie de l'Incarnation et comme le conseille le frère André, de confier à Joseph toutes mes actions. Et le fait est que quand quelque chose fonctionne, il arrive qu'on ne sache pas comment l'expliquer. C'est très bizarre. Mais c'est comme ça que ça se déroule !

Ce n'est quand même pas le lieu central de votre foi ?

Ah, le lieu central de ma foi ! Je vais citer Marie de l'Incarnation – et bien d'autres : « Il est indicible, Il est à une telle profondeur et tellement insaisissable : comment peut-on en parler ? »

Alors, allons sur un terrain où vous pourrez peut-être parler un peu plus. On a commencé l'entretien en partant de vos origines. Vous êtes à la fois Française et Canadienne, et vous continuez à partager votre temps entre la France et le Québec, plus précisément entre Tours et Montréal, 40 ans plus tard. Est-ce qu'il y a des lieux de comparaison, actuellement, entre ce qui se passe dans l'Église de France et ce qui se passe au Québec ?

Il y a des choses semblables, et il y a des choses qui ne le sont pas. Quand nous sommes arrivés au Québec, à Montréal, en

1969, c'était la Révolution tranquille. En France, il y avait eu mai 68. Nous avions l'impression qu'au Québec, tout s'était passé en même temps dans les années 1960 : la Révolution de 1789 en France, le régime Combes avec la séparation de l'Église et de l'État, la poursuite éhontée des catholiques... Les gens étaient donc d'autant plus bouleversés qu'il leur arrivait ce qui était arrivé il y avait plus de 100 ans en France. La France avait eu le temps de digérer tous ces changements, tandis qu'au Québec, tout arrivait à la fois. Ça faisait beaucoup ! Je trouvais donc de grosses différences, parce que je voyais par exemple des gens aussi anticléricaux que mon grand-père, alors qu'ils avaient mon âge ou qui étaient même plus jeunes. Alors là, je ne comprenais plus. Pour moi, cet anticléricalisme, c'était de la génération de mon grand-père, des gens qui étaient nés vers 1875 ! Pour des gens nés vers 1945, je ne comprenais vraiment pas. C'est plus tard que j'ai saisi que tout est arrivé à la fois, et récemment.

Maintenant, soit presque 40 ans plus tard, je trouve qu'il y a bien des points communs entre la France et la partie du Canada que je connais, le Québec. Ces points communs sont multiples, notamment dans l'Église. Il n'y a plus beaucoup de prêtres, les laïcs qui vont à l'Église sont de moins en moins nombreux, mais prennent de plus en plus de choses en charge. Puis, il y a, d'un côté comme de l'autre de l'Atlantique, une très grande multiplication des manières de croire et d'être croyant. Il n'y a là vraiment pas d'uniformité ! Beaucoup de gens qui sont croyants, fervents, à l'intérieur et à l'extérieur de l'Église d'ailleurs, se disent chrétiens ou pas, mais ont une foi en quelque chose. Beaucoup de gens ne savent pas ce en quoi ils croient, des deux côtés. Cela paraît très difficile de pouvoir identifier ce en quoi l'on croit. Ensuite, à l'intérieur d'une foi apparentée à l'Église catholique, qu'on dit romaine de ce côté-ci de l'Atlantique, il y a quand même beaucoup de manières différentes d'être chrétien.

Et qu'en est-il de l'avenir de ces Églises?

Quand on essaie de prévoir ce qui risque de se passer, généralement on se trompe, parce qu'on ne tient pas compte de quelque chose qui paraît anodin et qui prendra beaucoup de place. Mais je suis certaine que la foi resurgira d'une façon ou d'une autre. Cela ne peut pas ne pas resurgir. Mais comment cela se passera-t-il? Je n'en sais strictement rien. Je crois essentiellement, maintenant, en l'éducation ou la sensibilisation à la protection de l'environnement. C'est une foi un peu à la manière de François d'Assise et du frère André, la foi mitigée de Charles de Foucault, avec un petit peu de Marie de l'Incarnation et de Jeanne Leber.

12

CÉLINE SAINT-PIERRE
La fuite de l'Église et la foi en la société

La spiritualité m'intéresse. Mais comment vivre ce rapport à moi-même et aux autres ? C'est pour moi un espace qui n'est pas la foi en un Dieu, mais la foi en la capacité de l'individu et des membres d'une société donnée de faire en sorte qu'ils puissent devenir meilleurs.

Influencée par le marxisme et son analyse judicieuse des classes sociales, Céline Saint-Pierre est d'abord une sociologue engagée, une intellectuelle de grandes causes. Travailleuse impénitente et rigoureuse, elle se passionne depuis plus de 40 ans pour les grands défis de la société québécoise. Elle a observé les transformations du système de l'éducation et l'impact des nouvelles technologies sur le marché du travail dans le but de favoriser l'insertion professionnelle des femmes et des jeunes. Elle a fait carrière à l'Université du Québec à Montréal, l'UQAM, où elle a aussi été vice-rectrice à l'enseignement et à la recherche. Elle a également été présidente du Conseil supérieur de l'éducation. Elle poursuit aujourd'hui ses engagements en se passionnant pour le transfert des connaissances. Elle est par ailleurs très active à l'Institut du Nouveau Monde et a été membre du comité des experts de la Commission Bouchard-Taylor. Pour Céline Saint-Pierre, il est important de comprendre ce que signifient pluralisme culturel et

Émission diffusée le 20 septembre 2007.

diversité sociale, politique et religieuse, mais il est aussi essentiel d'affirmer la nécessité de définir des valeurs communes.

൦

Céline, je sais que vous avez été éveillée aux responsabilités politiques et sociales au moment où vous accompagniez dans ses tournées votre père, René Saint-Pierre, qui fut ministre dans le gouvernement Lesage.

Ça a en effet commencé à ce moment-là, mais le premier engagement de mon père a été l'éducation. C'était un homme qui venait d'un milieu, je ne dirais pas défavorisé, mais très simple. Son père étant décédé alors qu'il n'avait que 14 ans, il a dû quitter l'école à cet âge – ce qui a été le grand regret de sa vie – pour devenir responsable de famille, pour ses sœurs, qui étaient plus jeunes. Il s'est marié tard, à 38 ans, avec une femme très jeune, et je suis l'aînée d'une famille de 9 enfants. Ce qui m'a influencée beaucoup, c'est le fait de l'avoir suivi dans sa vie politique et sa vie publique, qui ont commencé dès ma tendre enfance. Il était alors président de la commission scolaire. Aussi, tous les dimanches, je visitais les écoles avec lui. Parce qu'à l'époque, c'étaient des écoles dirigées par des communautés religieuses, on pouvait aller rencontrer les professeurs, les enseignants, le dimanche. Je l'ai donc suivi à ce moment-là, pour ensuite l'accompagner au cours de ses campagnes électorales de 1956 et 1960.

Votre père était non seulement président d'une commission scolaire, mais aussi le président fondateur de la Fédération des commissions scolaires du Québec. C'est une occasion de souligner au passage que vous avez vous aussi fait carrière dans l'éducation, mais que vous êtes également devenue présidente du Conseil supérieur de l'éducation.

En effet, mais il ne l'a pas su, malheureusement, parce que ça lui aurait fait grand plaisir. Il ne l'a pas su parce qu'il était déjà décédé. Ce qui a fait de moi une engagée sociale et une militante, c'est que je n'ai pas trouvé dans l'engagement religieux ce qu'il me fallait. J'ai eu une enfance plutôt pieuse, soumise. Puis j'ai eu des expériences très difficiles avec l'Église catholique, des expériences personnelles. Par exemple, quand mon père était candidat libéral, en 1956, c'était Duplessis qui était au pouvoir. Lorsque je faisais des tournées avec lui, le dimanche, et qu'on entrait dans les écoles des communautés religieuses, j'entendais dire : «Ah! C'est le communiste, qui est à la porte!» Or, mon père était un homme extrêmement pieux : il fréquentait les Dominicains et nous faisait réciter le chapelet tous les soirs. Quelle que soit l'heure à laquelle il arrivait, parce qu'il travaillait très tard, on se mettait à genoux et on récitait le chapelet!

Ensuite, j'ai commencé très jeune à faire du théâtre d'avant-garde, dans ma petite ville, et l'évêque est intervenu auprès de ma famille pour dire que c'était inacceptable que la fille d'un député s'engage de cette manière, et qu'on ne donnait pas l'exemple… Alors je n'ai pas quitté l'Église, je l'ai fuie, parce qu'elle était pour moi une Église d'interdits. C'était une Église qui entravait l'épanouissement personnel, qui ne nous donnait pas les moyens de réaliser notre potentiel, qui nous bourrait de culpabilité et nous imposait trop d'interdits.

Dès que j'ai eu 16 ou 17 ans, je me suis engagée dans un mouvement pour la défense de la langue française et de toutes les valeurs de ce qu'on appelait à l'époque le Canada français. Les jeunes étudiants que nous étions allaient dans les communautés francophones du Canada pour y rencontrer là d'autres jeunes francophones. Et au début des années soixante, je me suis inscrite en sociologie à l'Université de Montréal, où j'ai eu un professeur qui venait d'Europe. Il nous a enseigné l'analyse marxiste, l'analyse des classes sociales, le développement du socialisme, et ça m'a beaucoup inspirée. J'ai dit à mon père, un jour : «Tu n'es pas dans le bon parti. Tu devrais être un socialiste, parce que toutes les valeurs que tu défends – la justice sociale, l'équité, le partage des richesses, une vision plus sociale du développement de la société –, c'est dans le parti socialiste.» Il m'a répondu : «Je le savais qu'en te laissant aller en sociologie, tu allais devenir une socialiste.» Mais nous avons eu de bonnes relations, même si nous n'avions pas les mêmes idées!

Vous étiez donc socialiste, mais imbue d'analyse marxiste...

Le marxisme m'a beaucoup influencée, c'est vrai. La grille d'analyse du marxisme me convenait davantage que les partis politiques ou les groupes politiques qui en émanaient. Je suis antidogmatique : j'avais rejeté le dogme de l'Église, je ne voulais pas me soumettre à un autre. Mais l'analyse marxiste des classes sociales m'a beaucoup influencée parce qu'elle permettait d'avoir une grille pour comprendre les réalités sociales et comprendre qu'il n'y avait pas de justice sociale. Il y avait un travail à faire. Ce travail, j'ai voulu le faire dans le mouvement syndical en écrivant, en travaillant sur l'histoire du mouvement ouvrier, pour comprendre comment on pouvait trouver des solutions à la situation des travailleurs désignés comme exploités, dans un rapport de domination économique. Mais ce qui est assez intéressant, c'est que je n'ai pas fait une carrière universitaire typique. C'est-à-dire que ma thèse de doctorat, je l'ai soutenue à Paris ; j'ai eu des recommandations pour publication, mais je ne l'ai jamais publiée. J'ai plutôt travaillé avec le mouvement syndical pour écrire, avec ses membres, une histoire du mouvement ouvrier.

Mais votre thèse de doctorat, c'était quand même intéressant comme thématique. Ne parliez-vous pas de l'influence de la religion et du nationalisme sur l'évolution du syndicalisme?

J'ai choisi de travailler sur les années trente. Dans ces années, il y a eu la crise économique. Il y a aussi eu le développement de la Confédération des travailleurs catholiques du Canada – à l'origine de la CSN –, et des unions internationales. Puis je me suis intéressée à l'analyse des idéologies du Québec et à la façon dont elles ont influencé toute l'organisation syndicale de ce qui est devenu la CSN : là, il y a eu comme une interférence de l'Église. À l'époque, il n'y avait pas ce qu'on appelle la séparation de l'Église et de l'État. L'Église catholique a donc joué un rôle très important dans l'organisation de la CTCC et a amené les petites et moyennes entreprises, et les travailleurs de ces petites entreprises, à faire des compromis salariaux sans recours à la grève. On interdisait de faire la grève, parce qu'on disait que ça allait tuer la petite entreprise. Par ailleurs, les unions internationales américaines se déployaient dans les grands monopoles et les grandes entreprises : il y a eu des grèves importantes dans cette période-là. L'Église catholique a donc eu une influence sur l'organisation sociale de la société québécoise.

Justement, je voudrais vous poser une question là-dessus… Vous m'avez dit que vous aviez fui l'Église à partir d'expériences très concrètes que vous aviez vécues, particulièrement quand vous accompagniez votre père, qui se faisait traiter de « communiste » ?

Oui. Et moi, on m'interdisait de faire du théâtre…

Interdit de faire du théâtre, pratiquement interdit de danser… Mais le fait que vous ayez pu voir, en faisant votre thèse, que l'Église s'était aussi engagée sur le plan social…

Elle était très engagée…

Oui, et avec la création de la CTCC, qui est devenue la CSN. Justement, cela n'a-t-il pas changé votre jugement, votre perception de l'Église ?

Non, parce que moi, je suis vraiment pour la séparation de l'Église et de l'État. Mais à cette époque-là, je comprends pourquoi… Je le comprends, parce que c'était les valeurs de la société de cette époque : elles étaient transmises par l'Église catholique. Ces valeurs étaient respectées, elles ont donc créé un terreau utile qui a joué un rôle intéressant pour construire ce mouvement syndical. Mais je ne sais pas si je suis en mesure de poser un jugement de valeur sur ce qui s'est fait à cette époque. Il est évident qu'il y a eu une certaine exploitation des travailleurs canadiens-français, dans ces petites et moyennes entreprises mais, en même temps, ça a peut-être aussi permis de donner un élan à cette petite entreprise pour qu'elle se développe et devienne un pilier économique. Mais ce n'est pas encore le cas aujourd'hui. Je reste interrogative, perplexe quant à ce rôle-là, mais il se comprend, à cause de l'imbrication, dans nos valeurs communes, des valeurs catholiques.

Vous dites qu'il faut respecter davantage les institutions. On a peut-être réglé un peu vite le sort de l'Église, que vous avez fuie et que vous ne regardez pas trop aller, si je comprends bien. Mais quelles sont les autres institutions auxquelles vous attachez de l'importance ?

Mais les institutions politiques ! Mon dernier engagement s'effectue auprès de l'Institut du Nouveau Monde. Avec une douzaine de personnes, nous avons constaté le surgissement d'un grand cynisme chez les Québécois, et c'est d'ailleurs le cas dans plusieurs sociétés. Parmi les belles valeurs qui se sont développées figurent la démocratie et la capacité d'influencer les politiques publiques et de participer à cette évolution de la société par la politique. Mais, constatant ce cynisme, nous nous sommes dit qu'il fallait faire quelque chose pour réanimer la société civile, d'une certaine manière, et lui donner le goût de participer à la vie politique. Pour cela, et c'est justement la raison pour laquelle nous avons fondé l'Institut, nous avons pensé qu'il fallait recréer des lieux, des espaces où les citoyens peuvent parler, tout en pouvant être informés. La société est devenue tellement complexe. On le sait, il faut savoir beaucoup de choses pour comprendre ce qui se passe dans le monde. Alors, l'idée est de favoriser ce que j'ai toujours prôné, personnellement, soit l'idée du transfert de connaissances. Je me suis sentie privilégiée de pouvoir aller à l'université, de pouvoir avoir accès à la connaissance. Le transfert des connaissances, la transmission de la culture, ce sont des choses qui m'habitent intensément. Et je dis que, pour être en mesure de participer à la vie politique actuellement, il faut pouvoir s'informer, débattre, et donc accepter le débat.

Le Québec est une société qui a beaucoup cultivé l'art du consensus. Mais on a tellement peur de s'accrocher, qu'on est agressif, parfois on n'arrive pas à débattre vraiment et à approfondir. Ce sont des chicanes au lieu d'être de vrais débats. Alors, arriver à un consensus, oui, je veux bien, mais à partir d'un vrai débat, afin d'intervenir sur l'influence des politiques publiques et de rétablir la confiance en l'État, en ces institutions de la démocratie que sont les partis politiques et les autres voies de la participation citoyenne. Personnellement, j'ai une grande crainte face à cette désaffection. Vous avez vu le taux de vote? Les abstentions sont très nombreuses. À l'échelle des municipalités, le vote est très faible, et c'est la même chose pour les commissions scolaires, quand il y a les élections scolaires. Les gens sont-ils donc en train de se désintéresser? Est-ce qu'une brisure si grande est en train de survenir? Est-ce qu'il n'y a pas ici, maintenant, une occasion de reconstruire le tissu social qui est aussi un espace de développement de la pensée citoyenne, en tant que pensée qui s'implique, qui intervient dans la société de toutes sortes de manières? Il n'est pas nécessaire d'être militant dans un parti politique, mais il s'agit d'être actif dans son quartier, dans son conseil d'établissement, de participer à la création culturelle. Il y a plusieurs éléments comme ceux-là sur lesquels il faut réfléchir, et c'est un peu à cela que je m'emploie actuellement.

Vous avez mentionné que souvent les Québécois sont trop émotifs lorsqu'ils discutent de politique. C'est sans doute la raison pour laquelle les discussions s'arrêtent rapidement, même chez des intellectuels. Êtes-vous encore d'accord avec ceci, que vous avez écrit il y a quelques années : « L'unanimité actuelle me déplaît énormément. Tous les débats ne sont pas faits, beaucoup de penseurs ne disent pas ce qu'ils pensent. Il y a une certaine autocensure. » Considérez-vous encore qu'il y a de l'autocensure dans les milieux intellectuels ? Ce sont ces milieux que vous visez en parlant des penseurs ?

Bien, je connais mieux ces milieux-là… Je pense qu'on évolue beaucoup. Je m'en rends compte justement par mon implication à l'Institut du Nouveau Monde.

Il faudrait peut-être expliquer ce qu'est cet Institut du Nouveau Monde.

Oui. C'est un organisme qui a été fondé en 2004. Son objectif était vraiment de revigorer le débat dans la société civile en créant des espaces de rencontre autour des grands enjeux du Québec.

Je travaille aussi beaucoup avec des jeunes. Je suis tellement confiante devant ce qu'ils sont ! Eux, ils discutent vraiment. Je pense que nous, les gens de ma génération, avons été très coincés dans les grands dogmes et – comment dirais-je ? – il y a eu beaucoup de groupes politiques d'extrême gauche qui ont figé la parole et la prise de parole. Alors, nous ne savions jamais comment dire les choses. Personnellement, je n'ai jamais été jusque-là : j'étais marxiste, j'étais très engagée comme citoyenne, mais jamais je n'ai accepté ces grands dogmes où la langue de bois domine, où il fallait parler selon ces grands registres ou ces grandes grilles, sinon on était « excommunié », si on peut dire : on n'existait plus. Cela a figé les membres de notre génération, devenus un peu timides pour dire ce qu'ils pensent vraiment.

Est-ce que vous, personnellement, ça vous a censurée durant un certain temps?

Non, ça ne m'a pas censurée, mais ça m'a causé des problèmes. Par exemple, dans certaines revues, je suis encore étiquetée comme une marxiste... Je viens encore de lire un article dans la revue *Arguments* où on l'évoque à nouveau... Enfin, c'est quelque chose qui me marque, le regard des autres sur moi. Quoi qu'il en soit, j'ai cru en ce que je faisais, même si je suis capable de me remettre en question... J'ai eu le regard d'une sociologue influencée par certaines grilles de lecture, mais pas imbibée de dogmes et de façons de penser toutes faites.

Là, vous m'ouvrez la porte pour vous poser un autre genre de questions concernant les valeurs. Vous avez parlé de valeurs communes, mais j'aimerais revenir sur les valeurs personnelles. La foi en Dieu ne vous a-t-elle pas touchée?

C'est une réflexion qu'il faudra bien que j'approfondisse, parce que ça m'amène à revenir sur cette rupture assez importante que j'ai faite. Je respecte l'engagement religieux des personnes; je ne remets pas cela en question. Mais, personnellement, je m'identifie davantage comme une humaniste qui croit que le travail à faire doit se faire sur l'individu, par lui-même et par les communautés auxquelles il appartient – je parle ici des communautés sociales – et par la société dans laquelle il vit, par l'entremise des rencontres entre individus. Alors je suis, disons, vraiment très laïque et humaniste.

Je ne veux pas vous arracher un mot en particulier, Céline, mais est-ce que, par exemple, vous vous définiriez comme étant une humaniste athée?

Probablement, oui. Mais il me manque un mot pour bien décrire ce que je voudrais être, la manière de bien le rendre... La spiritualité m'intéresse. Mais comment vivre ce rapport à moi-même et aux autres ? C'est pour moi un espace qui n'est pas la foi en un Dieu, mais la foi en la capacité de l'individu et des membres d'une société donnée de faire en sorte qu'ils puissent devenir meilleurs. Mes valeurs fondamentales, à moi, ce sont donc la justice sociale, l'équité entre les individus, notamment entre hommes et femmes, la démocratie, la capacité de travailler à l'élaboration de politiques qui feront que nous vivrons mieux, que nous nous reconnaîtrons mieux dans la société dans laquelle nous vivons. C'est l'influence que nous pouvons apporter, en tant que citoyens ou en tant qu'intellectuels, sur l'évolution de cette société. C'est aussi la rencontre de l'autre dans l'harmonie et, pour moi, c'est le terrain du social. Je suis imbibée de cette vision sociologique de la vie des sociétés, c'est le terreau le plus fertile pour moi.

Cette spiritualité, car j'appelle cela une spiritualité, consiste à être capable de réfléchir au-delà de nous-mêmes sur ce que nous voulons devenir. Mais je ne trouve pas, dans les discours des religions, de réponses à ces questions-là, ni de contenus qui puissent me satisfaire. En fait, je n'ai pas besoin de cela pour y arriver. C'est pourquoi le travail d'engagement citoyen est pour moi le premier. Ça commence par là. Mais ça passe par la croyance dans le fait que l'individu peut aller au-delà de lui-même et peut se dépasser en travaillant dans ce terreau social. Je lis beaucoup les ouvrages de certains auteurs sur ces questions en particulier. Certaines prises de parole m'intéressent énormément, et j'ai l'impression que, dans les prochaines années, je vais accorder beaucoup d'importance au fait de chercher une façon de voir s'accomplir l'évolution souhaitée de la société dans laquelle nous vivons. Pour moi, cela est de l'humanisme politique : la justice sociale, la démocratie, la capacité de forger la société dans laquelle nous voulons vivre. Je crois beaucoup dans le fait que les individus peuvent y arriver. Et l'éducation est selon moi le fondement de cela, et c'est par là que ça passe. C'est pourquoi il faut être très vigilant quant aux questions qui touchent notre système d'éducation, quant aux contenus qui sont enseignés, quant à la manière dont ils le sont. Mon passage au Conseil supérieur de l'éducation a d'ailleurs été l'un des plus beaux moments de ma vie.

Et en éducation, quel est le défi le plus important?

Quand j'étais membre de la Commission des états généraux sur l'éducation, j'ai eu l'occasion de faire le tour du Québec. Nous étions treize commissaires, et non pas deux, comme pour la Commission Bouchard-Taylor. Et ce qui nous a alors été dit, c'est que l'école devait être le lieu de transmission des valeurs. Les parents ne se sentaient plus capables de procéder à cette transmission des valeurs, parce qu'ils ne comprenaient plus la génération de leurs enfants, ou ce qui se passait dans la société dans laquelle ils vivaient. Ils s'en remettaient donc à l'école. Moi, je crois que l'école a en effet un rôle important à jouer, mais il va falloir rediscuter sur le rôle de la famille. Et cela, quelle que soit sa forme, car elle est dorénavant multiple, elle a des formes multiples. Mais il reste que le premier lien qui se crée pour un enfant qui naît, c'est avec des parents, quels qu'ils soient. C'est ce premier lien qui se crée. Ensuite, le développement de l'enfant, dans la petite enfance et dans la première adolescence, il se fait beaucoup dans la famille. Et là, je crois qu'il y a, je ne dirais pas des lacunes, mais une transformation tellement majeure. Alors que les parents sont venus nous dire: «On ne sait plus comment faire!», l'école nous dit: «On ne peut pas tout faire!»

On ne peut plus vivre en ne pensant qu'à nous-mêmes. Nous vivons à l'ère d'une mondialisation et d'une influence importante des technologies de l'information. Alors, quand nos enfants apprennent plus sur Internet qu'ils n'apprennent dans leurs familles ou à l'école, il se crée une concurrence terrible et nous perdons nos moyens. Notre pensée n'est pas encore suffisamment avancée, ou notre réflexion peut-être, quant aux influences multiples qui interviennent dans la construction de l'identité de l'individu.

N'êtes-vous pas aussi très engagée dans ce débat sur les valeurs communes ?

Ce qui ressort beaucoup, dans ces débats autour des valeurs communes, au Québec, c'est que la langue, chose assez étrange, ressort comme une valeur essentielle. Ce qu'il faut voir là-dedans, c'est que la langue française apparaît comme la colonne vertébrale qui nous permet de retracer notre histoire depuis nos origines, en tant que Canadiens français, toute l'histoire qui a entouré la naissance de cette nation canadienne-française. Cette langue parcourt toute cette histoire qui semble se diluer actuellement dans un pluralisme culturel et religieux.

Alors comment la recomposer, la solidifier ? Comment refait-on de cette colonne vertébrale une colonne vertébrale élargie ? Ou est-ce plutôt une tout autre colonne vertébrale, qui nous définit dorénavant ? D'autres valeurs viennent nous rejoindre ! Pourquoi dit-on valeurs communes ? Parce que nous sommes interpellés par toutes sortes de valeurs. L'arrivée de musulmans au Québec – surtout des musulmans qui ont mis en exergue, pour une certaine fraction d'entre eux, des rapports qui nous apparaissent inégalitaires entre hommes et femmes – nous a secoués. Et c'est de là notamment qu'a surgi ce regard du Québec sur le pluralisme culturel, soit à partir de perceptions des rapports entre les hommes et les femmes proposés par la religion musulmane. Le port du voile n'est pas fâcheux en lui-même ; c'est surtout qu'il traduit des rapports que nous devons questionner, alors que nous avons déjà fait le choix, au Québec, de rapports égalitaires entre hommes et femmes. Vous n'avez pas idée à quel point cette question est présente partout au Québec. Ce n'est pas le cas de beaucoup de sociétés. Ce n'est pas si vrai que les sociétés européennes sont des sociétés où l'on reconnaît l'égalité hommes/femmes, dans la pratique et non seulement dans les discours. Ce chemin-là, ici, il a été fait.

La laïcité, nous y sommes arrivés avec les États généraux sur l'éducation. Rappelons-nous que c'est à cette commission que la laïcisation du système scolaire et de l'enseignement a été recommandée. Le gouvernement du Québec a cheminé vers la déconfessionnalisation de notre système, en commençant par le ministère de l'Éducation où ont été abolis les postes de sous-ministres associés à la foi catholique et à la foi protestante, puis au Conseil supérieur de l'éducation, les comités catholique et protestant, de même que les commissions scolaires confessionnelles. Maintenant, nous abordons la laïcisation de l'enseignement. Ce qui n'évacue pas l'importance de la transmission des valeur que j'ai identifiées précédemment. Mais il faut aller beaucoup plus loin. Le cours *Éthique et culture religieuse* se présente comme une opportunité à cet égard. Il en ira peut-être de même du cours *Éducation à la citoyenneté*. Malheureusement, et c'est mon point de vue, le cours a été jumelé au cours d'histoire, et les professeurs d'histoire le voient surtout comme un enseignement des droits par l'entremise des chartes des droits et libertés. Pour moi, l'éducation à la citoyenneté est beaucoup plus large que ça.

J'aimerais terminer en revenant rapidement sur un concept plus théorique, mais important pour vous, parce qu'il a animé toute votre vie, tout votre parcours. Celui de devenir ce que vous appelez une « intellectuelle organique ».

Une intellectuelle organique, c'est pour moi quelqu'un qui met au service de ses grandes valeurs son engagement social et son engagement politique – non pas en militant dans un parti nécessairement, mais en donnant un sens politique à notre action tout de même. Je cherche à faire en sorte, compte tenu du privilège que j'ai eu d'étudier, que mon travail intellectuel centré sur la connaissance des sociétés, en tant que sociologue, devienne un outil que je transmets, que je rends accessible, que je partage avec les citoyens pour améliorer la société dans laquelle nous vivons.

13

ANDRÉ PRATTE
De précieux héritages

Moi, je ne suis pas croyant, je pense. Je vous dirais que je ne le sais pas. Je l'ignore. Je réfléchis à ces questions, je ne les banalise pas. Je ne me définirais pas non plus comme un athée militant. Dans toutes ces questions, le militantisme, qu'il soit athée ou religieux, est dangereux.

André Pratte est journaliste à La Presse *depuis 1986 et éditorialiste en chef depuis 2001. Une responsabilité qui le situe au niveau de vice-président, et il n'a d'ailleurs pas dérogé à la ligne éditoriale qu'il a tracée dès son premier papier : un fédéralisme d'ouverture et une social-démocratie à couleur libérale. Dans ses idées politiques, on peut facilement voir une parenté avec Claude Ryan, qu'il admire, mais qu'il n'a pas suivi sur le plan religieux. André a publié une dizaine de livres qui ont tous comme dénominateur commun la politique et son environnement. Ses derniers ouvrages sont des plaidoyers en faveur du fédéralisme et du maintien du Québec dans la fédération canadienne. Il tient à démontrer les avantages, pour les Québécois, de « reconquérir le Canada ». Ses passions et ses convictions démontrent qu'il est un homme de foi. Il a accepté d'en expliciter les raisons et les racines.*

Émission diffusée le 22 novembre 2007.

∾

Vous êtes dans le journalisme depuis 30 ans. Qu'est-ce qui vous a amené à vouloir y faire carrière?

Cela fait en effet près de 30 ans que je suis journaliste, puisque j'ai commencé en 1978. Je ne sais pas exactement ce qui m'y a attiré… Je me souviens très clairement en 1968, quand monsieur Trudeau avait remporté la direction du Parti libéral du Canada, d'avoir regardé ça à la télévision avec une certaine fascination. Je me rappelle donc avoir été séduit par l'information et la politique dès 1968, à l'âge de 11 ans. Je me rappelle très bien le travail des reporters de Radio-Canada, à cette époque, et cela m'avait beaucoup intéressé. Par la suite, j'ai continué, même très jeune, à suivre la politique, bien que sans trop comprendre. Je me souviens entre autres d'avoir regardé avec beaucoup d'intérêt les audiences du comité sur le scandale du Watergate, qui était dirigé par le sénateur Sam Ervin, à ce moment-là. C'était télévisé à cœur de jours. Je n'en comprenais pas les trois quarts, non parce que je maîtrisais peu l'anglais, mais parce que de toute façon le sujet était très complexe, mais cela me fascinait! La politique et le reportage politique m'ont donc intéressé d'aussi loin que je puisse me rappeler. J'étais dans une famille captivée par la politique; mon père, Yves Pratte, était avocat, il a été conseiller juridique de Jean Lesage et de Daniel Johnson, à l'époque, et il travaillait énormément.

Justement, si vous permettez… Certains prennent encore plaisir, comme j'ai pu le lire sur des sites Internet, à rappeler que le père d'André Pratte, Yves Pratte, a été avocat de Power Corporation et donc près des Desmarais.

Je ne vois pas ce que cela change. Mon père a été avocat de Power Corporation, c'est vrai, mais de toute façon il l'a été à la fin de sa carrière et à la fin de sa vie. Il a fait beaucoup d'autres choses auparavant : président d'Air Canada, conseiller juridique du gouvernement du Québec. Et il faut savoir – ce que beaucoup de ceux qui salissent son nom aujourd'hui ne savent probablement pas – qu'il a défendu le gouvernement du Québec au temps du rapatriement unilatéral de la Constitution. Il est celui qui a défendu la position du gouvernement de René Lévesque, à l'époque, devant la Cour suprême, contre le rapatriement unilatéral de la Constitution.

Et un court mandat, également, à la Cour suprême...

Il a été également juge à la Cour suprême et l'avocat de plein de gens. Je pense que c'est très limitatif que de l'associer seulement à Power Corporation. De toute façon, aussi bien le dire, il n'avait aucun problème à être l'avocat de cette compagnie et, moi, personnellement, je n'ai aucun problème à être, indirectement, par l'entremise de *La Presse*, employé de Power Corporation. C'est très facile de le dénigrer parce que Power Corporation est une grande entreprise, et surtout parce que monsieur Desmarais, le père, est fédéraliste et a toujours adhéré au Canada...

Il reste quand même que...

J'aimerais terminer. Je pense que c'est très important d'ajouter ceci : la famille Desmarais a des opinions politiques, oui, mais c'est une famille qui, alors qu'elle a souvent été très mal accueillie au Québec, est restée au Québec, a investi au Québec, dans les universités du Québec, dans les musées du Québec. Son siège social est à Montréal. Monsieur Desmarais, il faut le rappeler, n'est pas Québécois, il est Franco-ontarien : il aurait donc très bien pu s'installer à Toronto, comme il aurait pu s'installer en France, en Grande-Bretagne ou en Chine. Or, il est resté au Québec, il y réside et ses activités économiques au Québec sont très importantes. Ses entreprises sont gérées de façon excellente, tout le monde en convient, les conditions de travail des employés y sont bonnes, il n'y a jamais eu de mauvais traitements, de lock-out, ni rien de semblable. C'est une entreprise, une famille qui, oui, a très bien réussi, qui, oui, a fait beaucoup d'argent, mais qui s'est comportée en citoyenne responsable, respectable et amoureuse du Québec et du Canada. Je trouve cela extrêmement dommage qu'on ne cesse de dénigrer ces gens-là pour la simple raison que, un, ils ont réussi et, deux, ils ont le malheur d'être fédéralistes, ce qui semble, pour certains, inacceptable. Je suis absolument convaincu que si les Desmarais se déclaraient souverainistes, on ne mènerait pas contre eux une campagne aussi sournoise qu'on le fait constamment depuis des années.

Comment avez-vous acquis vous-même vos principales convictions politiques? Par exemple, avez-vous toujours été fédéraliste?

Mon point de vue sur cette question-là a évolué avec le temps. J'avais voté « oui » aux deux référendums sur la souveraineté. En 1980, j'étais assez jeune, mais j'étais d'accord avec l'idée de tenter d'avoir une sorte d'association différente avec le reste du Canada. En 1995, comme beaucoup de gens, je sortais de l'énorme déception de l'échec des accords du Lac Meech et de Charlottetown. Je n'étais pas un partisan de Jacques Parizeau, ou de ce que j'associais à l'indépendance plus dure de Jacques Parizeau, mais j'étais un grand admirateur, et je le suis toujours, de Lucien Bouchard, avec qui j'ai d'ailleurs travaillé pour *Le Manifeste des lucides*. Je croyais que le Canada avait besoin d'une sorte d'électrochoc. Je ne croyais pas à l'indépendance, mais je pensais qu'une bonne secousse nous mènerait peut-être à une reprise des négociations qui aiderait à soigner les plaies laissées par Meech. Après le référendum de 1995, cela peut paraître idiot, mais le discours de monsieur Parizeau, ce soir-là, m'a vraiment ébranlé. Comme je n'étais pas un indépendantiste, mais plus un « confédérationiste », je croyais à une nouvelle sorte d'association. Honnêtement, ce soir-là, je me suis dit ce que j'ai d'ailleurs écrit dans *La Presse* un ou deux jours après : « Heureusement que ça n'est pas passé ! Parce que, si c'était passé, avec l'esprit de cet homme-là, je pense que même beaucoup de souverainistes auraient été frappés. » Ce qu'on a su par la suite m'a beaucoup inquiété. Monsieur Parizeau est un homme de convictions, sans aucun doute, et il a beaucoup apporté au Québec, mais j'avais l'impression qu'il voulait emmener les Québécois là où ceux-ci ne voulaient pas aller. Je ne pense pas que, même en 1995, même s'il y avait eu 52 ou 53 %, je ne crois pas que la majorité des Québécois voulait l'indépendance telle que monsieur Parizeau l'interprétait. Alors j'ai par la suite beaucoup réfléchi à cela et je me suis dit : « Bon, qu'est-ce qu'on fait maintenant ? » Meech n'est pas passé ! Charlottetown n'est pas passé ! L'indépendance n'est pas passée ! Par la suite, et assez rapidement, j'ai évolué dans ma compréhension de la place du Québec dans la fédération et de ce qu'est devenu le Canada. Cette évolution s'est vue, je pense, dans les textes que j'ai écrits. Tout comme dans mes livres, où je décris ce changement où, graduellement, je suis devenu convaincu qu'il était nécessaire que la Constitution du Canada reflète davantage ce qui est advenu du Canada, et notamment la place du Québec, mais que la façon d'y arriver employée par les Québécois n'était pas la bonne, ou en tout cas n'est plus la bonne.

J'aimerais aborder avec vous la place du religieux ou de l'Église dans la société. Je commencerai par un aspect plus personnel, en soulignant que vous aviez une admiration inconditionnelle pour Claude Ryan. Je voudrais savoir comment c'est venu, pourquoi, et comment ça s'est maintenu.

Admiration inconditionnelle, c'est peut-être un peu fort, mais j'ai certainement toujours eu une grande admiration pour monsieur Ryan. Il y a plusieurs choses qui me fascinaient chez lui. D'abord, il faut se replacer dans le contexte de l'époque. Monsieur Ryan est certainement un des commentateurs de l'actualité de son temps qui savait prendre du recul. Il est arrivé à une époque où beaucoup de journaux étaient très partisans, alors qu'il avait une autre optique qui était vraiment d'étudier les problèmes. Cette remarque peut sembler un peu étrange aujourd'hui, mais cela était relativement nouveau. Et il avait aussi un cadre d'analyse, c'est-à-dire qu'il avait des principes fondamentaux, qu'il avait beaucoup réfléchi, beaucoup lu, surtout dans les créneaux de la pensée catholique. Son grand héros était le cardinal Newman. Alors, il abordait les problèmes politiques de son pays avec un cadre philosophique. Il n'exprimait pas simplement l'idée du jour. Ce qu'il écrivait était fondé sur une réflexion assez profonde, et il structurait ses textes de façon très systématique. C'était toujours : « Voici le problème qui nous est posé, voici les deux argumentaires qui sont présentés, et voici la conclusion que je justifie de telle façon et à partir de tels principes... » Très souvent, dans ses éditoriaux, il écrivait : « Commençons par établir quels sont les grands principes en cause. » Je pense que c'est un style, une approche qui était nouvelle en son temps et qu'à mon avis on ne retrouve peut-être plus suffisamment aujourd'hui, alors que les commentaires, y compris les éditoriaux, doivent être écrits très rapidement. C'est celui qui tire le premier, en pratique, qui est le plus remarqué. Nous sommes aussi à une époque où il y a une quantité énorme de commentaires dans les journaux et dans les médias électroniques, beaucoup plus qu'il y en avait à l'époque de monsieur Ryan. Par conséquent, le point de vue très rationnel, presque froid, que monsieur Ryan apportait en son temps trouve plus difficilement sa place maintenant, et je pense que la société en est perdante. Même lorsqu'il est arrivé en politique, monsieur Ryan se faisait un devoir de ne jamais commenter un document ou une nouvelle avant d'en avoir pris connaissance de façon approfondie. Et il se faisait critiquer par ses propres stratèges, qui disaient : « Mais non, c'est sorti ! Les journalistes veulent avoir ton point de vue tout de suite ! » Mais il répondait : « Mais non, il faut que je le lise ! » Alors il se faisait presque ridiculiser parce qu'il prenait le temps de lire les documents avant de les commenter.

Le hasard a voulu que, outre cette admiration lointaine que j'avais pour lui, nous avons fini par établir une sorte de rapport, pas intime, mais quand même assez étroit. Par exemple, je remonte à une époque où, étudiant à l'université, j'envoyais au *Devoir* de petites lettres pour publication. À ma grande surprise, alors que la première lettre que j'avais envoyée n'avait pas été publiée, j'avais reçu une réponse dactylographiée de monsieur Ryan, qui en faisait une critique de quatre ou cinq paragraphes. Et il le faisait sans aucun doute pour toutes les lettres qu'il recevait. Puis, notre relation a commencé tranquillement. Je suis devenu journaliste, nous nous sommes croisés. Il était chef du Parti libéral, après quoi il est devenu ministre. Nous avons toujours gardé un certain rapport. J'apprenais beaucoup de lui, et je pense qu'il ne me détestait pas. Mais il était certainement un critique très dur. Par exemple, monsieur Ryan avait détesté *Le Syndrome de Pinocchio*, mon premier livre sur le mensonge en politique. Il m'avait invité chez lui – c'était après le décès de son épouse – et il avait presque lancé le livre sur la table en disant quelque chose comme : « Monsieur Pratte... » – parce qu'il vouvoyait toujours ses interlocuteurs – « ... ce livre n'est pas digne de vous ! » De telles paroles frappent fort, venant de son héros ! Mais, par la suite, nous avions eu une longue et très intéressante conversation là-dessus. Alors voilà ! Pour moi, il est une sorte de modèle de rigueur, malgré le fait qu'il ait commis des erreurs dans sa vie et qu'il se soit trompé sur certaines questions. Il était un homme très dur avec son entourage et qui avait une approche très ancienne de la vie, de la religion en particulier. Une vision de laquelle j'étais personnellement assez éloigné.

Vous entrez en quelque sorte dans le vif du sujet. Vous dites de l'approche de monsieur Ryan qu'elle était très ancienne, mais il était un croyant de conviction. Sa foi était nourrie intellectuellement. Le cardinal Newman, que vous avez nommé, est une grande figure du XIXᵉ siècle à l'origine du renouvellement du catholicisme anglais. Certains en font même un père du Concile avant le Concile. Mais vous, sur le plan de la foi chrétienne, de la foi tout court, quelles sont les valeurs qui vous animent comme personne?

Sur le plan des valeurs, je suis quelqu'un de conservateur, non pas au sens politique du terme, ni au sens de conservatisme moral, mais je partage le point de vue de ceux qui disent qu'on a peut-être rejeté trop de choses avec la Révolution tranquille. Sur ces questions, je me définis vraiment comme étant en recherche. Gérard Bouchard dit – et il n'est pas le seul à le dire – que les Québécois ont perdu certains de leurs repères. Je crois que c'est vrai. Cependant, je ne sais pas quels sont les repères que nous pourrons retrouver. Je ne partage pas le point de vue du cardinal Ouellet, selon lequel les repères que nous retrouverons, ce sont les repères de la religion catholique d'autrefois, ou même d'une religion catholique moderne.

Je vais vous poser directement la question : et Dieu dans tout ça?

Moi, je ne suis pas croyant, je pense. Je vous dirais que je ne le sais pas. Je l'ignore. Je réfléchis à ces questions, je ne les banalise pas. Je ne me définirais pas non plus comme un athée militant. Dans toutes ces questions, le militantisme, qu'il soit athée ou religieux, est dangereux. Ce qui m'inquiète un peu dans l'allure du débat au Québec, actuellement, c'est qu'on semble vouloir regarder de haut tout ce qui est religieux.

C'est comme si nous avions découvert que nous n'avons plus besoin de Dieu, de foi ou de religion. Et donc, à partir de maintenant, comme nous avons découvert la vérité laïque, tous ceux qui croient sont des gens arriérés, un peu bouchés, sinon menaçants, et par conséquent à écarter! Je trouve cela risqué pour plusieurs raisons.

D'abord, à mon avis, c'est une attitude méprisante. Ensuite, la liberté religieuse est toujours inscrite dans toutes les chartes des droits, dans le même article que la liberté de conscience, la liberté d'expression, la liberté de penser. Je ne dis pas que l'on interdit aux gens d'exprimer leur foi mais, dans les faits, dans le climat que l'on tente de créer, on semble presque vouloir le faire. On dit : «Vous pouvez croire, mais faites ça chez vous!» C'est dangereux, ça! Parce que dans les chartes des droits, même dans la Déclaration universelle des droits de l'homme, le droit qui est protégé, ce n'est pas le droit de pratiquer sa religion chez soi, en cachette, c'est le droit de manifester sa foi, y compris dans la rue... Alors, je ne minimise pas les difficultés qui sont posées par les revendications de certains, par l'inconfort que peut créer chez plusieurs le fait que des femmes soient voilées. Il faut faire très attention aux principes que l'on établit mais, en même temps, je suis inconfortable dans l'espèce de position radicale qui est de dire : «Écoutez, nous avons décidé que le Québec est laïque, alors restez chez vous si vous voulez croire car, nous, on a compris la vérité laïque.» Je trouve que c'est très risqué comme position, et que c'est méprisant aussi!

Il a pourtant déjà été écrit, dans les pages éditoriales de *La Presse*, que la religion est une affaire privée. Qu'elle a sa place à l'église et à la maison, mais pas plus. C'était, je crois, sous la signature d'Alain Dubuc.

Oui. Nous discutons beaucoup. Alain est libre d'exprimer son point de vue, duquel je ne me dissocie pas. Ce sont des questions complexes dont nous discutons constamment en équipe, pour être bien sûrs de définir une position dans laquelle tout le monde sera confortable, mais il y a des nuances. Ce n'est pas pour rien que, dans *La Presse* comme dans les autres journaux d'aujourd'hui, les journaux canadiens francophones, les textes sont signés et que la photo du journaliste apparaît. Si Alain exprime un point de vue, c'est un point de vue avec lequel je suis confortable comme éditorialiste en chef, mais je ne l'aurais pas nécessairement exprimé exactement dans les mêmes termes. Il en va de même quant à mes écrits. Nous définissons donc un corridor de pensée, si vous voulez. Nous ne nous contredisons pas, mais il y a des nuances de l'un à l'autre. Mais, ce que je vous dis, c'est que sur ces questions-là, je suis personnellement plutôt en recherche. Je me rappelle qu'enfant, comme plusieurs, j'allais à l'église tous les dimanches avec mes parents. Puis, j'ai abandonné cette pratique depuis de nombreuses années. J'ai des amis qui sont prêtres et j'ai toujours eu de longues discussions avec eux. L'un d'eux est maintenant décédé. Il m'est arrivé de retourner dans une église, à un certain moment, pour voir si les choses avaient changé, si la messe, les sermons étaient plus pertinents que ce dont je me souvenais. Et je dois dire que j'ai été terriblement déçu! C'est pour cela que je dis que je suis en recherche. Mais je ne banalise pas. Je constate par exemple que quand les gens sont très malades, qu'ils approchent de la mort, ils sentent un besoin. Il y a donc des questions auxquelles je n'ai pas de réponses. Sur la création du monde, par exemple. J'ai du mal à me contenter d'une explication purement scientifique. Il y a eu un début, mais bon, avant le début? Est-ce que tout ça n'a pas d'autre sens que le fonctionnement mécanique du monde et du corps humain? Il me semble que l'être humain a besoin de réponses à ce genre de questions. Maintenant, personnellement, je ne les trouve pas dans la religion catholique telle qu'elle existe aujourd'hui.

Est-ce que je les trouverai jamais ? Je l'ignore. Je crois qu'on doit respecter les gens qui sont en recherche, et qu'on doit respecter ceux qui croient avoir trouvé, que ce soit dans une foi ou dans une autre.

Avez-vous l'impression que les médias sont justes par rapport à ce qui se passe véritablement, eu égard au phénomène religieux ou à la couverture de la religion ?

Le déclin de la religion catholique a entraîné un déclin de l'intérêt des médias, ce qui fait que nous sommes un peu pris au dépourvu par la montée de religions avec lesquelles nous ne sommes pas familiers et que nous connaissons relativement peu. Nous comprenons aussi relativement peu ce qui se passe au sein de la religion catholique, dont nous véhiculons souvent une vision assez simpliste. Je pense aux encycliques ou aux discours du pape, que ce soit ceux de Jean-Paul II ou de Benoît XVI. S'il est question de sexualité ou de contraception, nous allons mettre cela en évidence, mais tout le reste, le message social, c'est presque ignoré. Chez nous, à *La Presse*, nous avons un journaliste, Mathieu Perreault, qui s'intéresse beaucoup à ces questions, qui lit des revues spécialisées...

Mais, de façon générale, je pense qu'effectivement nous regardons ça un peu comme l'ensemble de la société, avec une certaine ignorance, une indifférence, presque un mépris à l'égard des religions en général, et notamment de la religion catholique. Mais ce n'est pas là la seule question de ce genre, c'est le cas dans plein d'autres domaines. Les médias reflètent leur société et ne changeront probablement pas beaucoup si le climat de la société québécoise ne change pas non plus.

Mais on pourrait justement élargir la discussion sur le journalisme comme reflet de ce qui se passe, mais aussi comme constructeur de cette société, par les valeurs ou les sujets qu'il privilégie...

J'ai souvent été critique quant aux médias en général. Tout en reconnaissant les faiblesses des médias d'aujourd'hui, par exemple les tendances inquiétantes dans certains types de médias, j'ai toujours cru, en même temps, que les médias ne sont pas assez puissants pour créer une opinion ou une réalité si celle-ci est complètement déconnectée de l'expérience quotidienne des gens. Si, dans les médias, nous accordons une couverture négative à un politicien, les gens ne seront pas nécessairement du même avis. Ça s'est vu très souvent par le passé, au Québec, au Canada ou ailleurs, que des médias renvoient une image presque systématiquement négative d'un candidat, mais que celui-ci réussisse à être élu, parce qu'il parvenait à communiquer avec la population au-delà des médias, peu importe leur attitude à son égard. Et je pense que c'est ainsi dans beaucoup de domaines. Si les médias traitaient mal la religion catholique, par exemple, mais que celle-ci correspondait à un besoin des Québécois, le message des médias n'aurait pas la portée qu'il a. Le fait est qu'il y a une correspondance entre le message des médias, avec toutes ses failles et ses faiblesses, et l'état d'esprit de la population.

Il y a un domaine, André, où je disais que vos convictions sont claires, et je pense que c'est là aussi votre principale passion, et je parle de la politique. Vous n'êtes pas uniquement un journaliste observateur de la société, vous vous engagez très concrètement dans les débats pour les faire avancer. Je pense ici au *Manifeste des lucides*. Vos derniers livres sont des plaidoyers très clairs et très militants en faveur du fédéralisme.

Personnellement, je me définis comme un acteur du débat politique actuel. Je suis dans le domaine du débat des idées, c'est mon rôle, et ce rôle n'est pas d'être partisan, de faire de la politique partisane. Je suis toujours très prudent dans mes démarches; je choisis d'agir dans des contextes non partisans ou alors multipartisans. Dans mon livre *Reconquérir le Canada,* j'ai donné la parole à des libéraux provinciaux, des libéraux fédéraux, des conservateurs, un adéquiste et des gens qui n'ont aucun alignement politique. C'est en effet un livre qui penche en faveur du fédéralisme, qui essaie modestement de renouveler la pensée fédéraliste au Québec, de reconnecter les Québécois et le nationalisme québécois avec le fédéralisme canadien, mais ce n'est pas un livre partisan, ce n'est pas un livre que le Parti conservateur va endosser, non plus que les libéraux. Ils en feront bien ce qu'ils voudront. J'ai aussi fait partie du groupe des «lucides», un groupe multipartisan, dont plusieurs signataires n'étaient pas partisans du tout. Mais c'est mon rôle : je suis un acteur dans le débat des idées! Alors si je peux contribuer ou participer au débat en écrivant des éditoriaux, très bien! Si je peux le faire en écrivant des livres, je vais le faire, et cela très ouvertement, sans cachotteries : je suis un acteur du débat des idées! Monsieur Ryan était aussi un acteur du débat des idées, Joseph Facal, que je connais bien, l'est également, les éditorialistes du *Devoir* le sont, Michel Venne l'est aussi. Chacun participe au débat des idées. Je pense que c'est justement ce qui permet à la discussion d'être plus riche. En bout de ligne, cela offre aux Québécois un éventail de sources de renseignements pour se faire leur propre idée, et c'est tant mieux! On a toujours eu des débats politiques très riches au Québec, et cela continue. Je trouve que c'est le signe d'une société démocratique qui est en santé.

14

GÉRALD LAROSE
Du chœur de l'église au cœur des luttes

> En Jésus-Christ, il y a les deux éléments que sont la trans-
> cendance et l'immanence. Mais je trouve que, souvent,
> des gens qui se disent chrétiens sont possédés par la trans-
> cendance alors qu'ils ont déserté l'immanence.

*On peut lire dans certaines sources que Gérald Larose cultive un
humanisme et une capacité de négociation. Michel Rioux, un
ex-collègue de travail, dit de lui : « Il impose un leadership extrêmement fort non seulement à l'intérieur de la CSN, mais aussi
dans l'ensemble de la société québécoise.» Gérald Larose est né à
Ham-Nord, un village des Bois-Francs, dans une famille de
onze enfants – il en est le septième. Il détient une maîtrise en
sciences sociales et théologie. Il a mené une carrière marquante
dans le syndicalisme québécois : vingt ans à la CSN, dont seize
comme président de la centrale, qu'il a quittée en 1999. Son
action syndicale, ou sociale, a commencé au CLSC Hochelaga-
Maisonneuve, où il a été travailleur social. Il y a implanté le
premier syndicat dans les CLSC, ce qui lui a rapidement permis
de s'impliquer au conseil central. Ensuite, il a eu la carrière que
l'on connaît jusqu'en 1999, année où il a quitté la CSN pour
œuvrer dans le milieu universitaire. Il continue cependant à être
bien actif sur la scène publique québécoise. Il a entre autres*

Émission diffusée le 17 janvier 2008.

présidé la Commission des états généraux sur la langue française.
Il est également président du Conseil de la souveraineté du
Québec. D'ailleurs, il ne se gêne pas pour intervenir sur la place
publique en rappelant parfois à l'ordre même les dirigeants
souverainistes !

∞

Gérald, dans une entrevue accordée à Marie-France Bazzo, au moment de quitter la CSN, vous mentionniez qu'enfant de chœur, vous aviez déjà commencé à militer, non pas en syndiquant les enfants de chœur, mais en organisant de petites activités pour les solidariser dans l'espoir d'obtenir une augmentation de la paie de servant de messe, pour la faire passer de cinq à dix cents.

Je dis souvent à la blague que le premier syndicat que j'ai présidé, c'est effectivement celui des enfants de chœur de la paroisse Saint-Raphaël de Bury. Je suis né à Ham-Nord, mais je n'avais que six mois quand ma famille s'est déplacée dans l'Estrie, à Bury. Dans ce petit village, il y avait plusieurs enfants de chœur. Finalement, nous nous étions formés en association, avec la complicité du curé, qui était bien d'accord avec notre revendication : nous avions un curé très *blood,* disions-nous à l'époque – parce que Bury est un village anglophone. Nous étions seulement 40 familles francophones. Ce curé avait été mis en punition par son évêque, Mgr Cabana, qui donc lui avait donné cette petite cure, à Bury. C'était dans les années 1950, et le curé Pellerin ne portait jamais la soutane. Il était donc vraiment considéré comme un curé tout à fait déjanté.

Avec lui, nous avons organisé des loisirs, des sorties. Nous sommes allés au zoo de Granby, nous sommes allés à Beauvoir, à Bonsecours, où il y avait un camp de vacances. Bref, nous organisions toutes sortes d'activités. Mais un des bénéfices immédiats de notre association a effectivement été de faire passer le salaire de cinq à 10 cents par messe, et de dix à vingt-cinq cents pour les funérailles et mariages. Cela représentait une très forte augmentation : plus de 100 % ! Je le dis à la blague, mais effectivement, quand je reviens un peu sur mon itinéraire, la militance a marqué tout mon parcours.

Dès l'âge de neuf ans ? Mais en fait, je citais ce souvenir surtout pour souligner que vous avez été élevé dans un milieu catholique relativement fervent.

Oui. En fait, la famille Larose était certainement comme la moyenne des familles québécoises. Nous sommes une famille impliquée dans son milieu, mais d'abord dans son milieu ecclésial : nous servons la messe, nous participons à différentes activités, et ce sont des religieuses qui dirigent l'école. Nous étions donc effectivement dans un milieu où les valeurs chrétiennes étaient vécues au quotidien. Elles marquaient l'organisation de la vie quotidienne.

Vous êtes détenteur d'une maîtrise en théologie. Vous êtes devenu père rédemptoriste, n'est-ce pas ? Il me semble que les rédemptoristes étaient réputés pour être des prédicateurs qui faisaient peur au monde et qui étaient très démagogues...

On les disait « jésuites de campagne », à l'époque. Il faut rappeler que je suis de la génération qui a fermé les collèges classiques, qui ont ensuite été remplacés par les cégeps.

Étiez-vous à Sherbrooke, à ce moment-là ?

C'est-à-dire que j'ai fait plusieurs collèges. C'était au début des années soixante, en pleine Révolution tranquille. Nous avons formé les premières associations étudiantes. Alors, je m'étais impliqué à fond dans le mouvement étudiant. En fait, j'ai à mon actif la formation de quatre associations étudiantes dans quatre établissements différents ! C'était une période véritablement révolutionnaire, qu'on a qualifiée de tranquille plus tard, mais où tout était sujet à débat. Mais disons que j'ai fait mes études supérieures sous le mode des humanités du collège classique. Et, soit dit en passant, cela a été une formation que j'ai beaucoup appréciée, même si, quand je la regarde avec le recul, ma priorité, à ce moment-là, n'était pas les études. Je me consacrais davantage au parascolaire, soit la formation des associations étudiantes, la création des cercles d'action politique, la mise en place des journaux, le réseautage à l'intérieur de l'UGEQ, qui avait été précédée par la FAGECC, la Fédération des associations générales des étudiants des collèges classiques.

C'était un milieu où la formation scolaire était plutôt de type élitiste. Je rappelle que les collèges classiques, ça représentait à peu près 13 % de la population étudiante. La création des cégeps a été une démocratisation extraordinaire de l'éducation ! Celle de l'Université du Québec aussi. Mais, à mon époque, cette formation demeurait élitiste. D'ailleurs, si j'ai pu accéder au collège classique, c'est parce que ma mère avait un frère qui était frère chez les Rédemptoristes. C'est par cette voie que j'ai pu entrer au collège classique à des coûts dont je dirais qu'ils équivalaient véritablement à un don.

Mais vous êtes aussi devenu rédemptoriste. Par conséquent, il y avait quand même chez vous une motivation religieuse au moins aussi forte que la motivation sociale, sinon plus, n'est-ce pas ?

C'est-à-dire que nous étions aussi à l'époque de Vatican II, ainsi qu'à celle de ce que j'appellerais l'émergence de la théologie de la libération. Il y avait quand même, dans le message chrétien, une dimension de transformation sociale extraordinaire qui se mettait soudain à percer par la militance étudiante. Il faut également rappeler qu'il y avait aussi la Jeunesse étudiante catholique, qui véhiculait tout un contenu...

Étiez-vous actif là aussi ?

Sans être actifs dans la JEC, nous recevions par l'entremise des associations la littérature qui était produite par ce mouvement. Mais, personnellement, je n'ai jamais milité dans ce mouvement.

Nous étions donc véritablement dans une période d'effervescence sur le plan des aspirations à la transformation, au changement, y compris dans l'Église. Vatican II a d'ailleurs été un puissant vecteur à ce propos. Mon engagement du côté des études théologiques a donc découlé un peu de tout cet environnement.

Quand je fais une synthèse pour moi-même, je constate que j'étais intéressé à comprendre le monde ou à trouver un sens à l'existence et au monde. Le résultat de cette recherche m'a conduit à choisir une autre formation. J'ai donc étudié en travail social afin de me donner des outils encore plus…

Le travail social est venu après la théologie, c'est bien cela?

Tout à fait. Pour moi, de l'expérience théologique est venue la conviction que le mystère, pour reprendre ce vieux terme, le mystère chrétien ne peut se vivre que par une contribution à la transformation sociale.

Vous vous y êtes adonné beaucoup à la transformation sociale… Mais j'aimerais revenir à vos études de théologie, dont on a parlé un peu. Qu'en avez-vous retenu?

Cet itinéraire m'a conduit à trois certitudes. D'abord, c'est que la foi est inexorablement imbriquée dans l'expérience humaine et dans l'expérience de la société. On est dans le domaine de l'herméneutique pour employer un terme savant.

C'est vrai que c'est savant, l'interprétation, ça, oui!

On donne du sens à ce qu'on vit, on donne du sens à ce qu'on anticipe. Tout homme, toute femme, tout individu est toujours tenaillé, tiraillé par le sens à donner à sa propre existence, au quotidien comme sur la longue durée. Et ce sens, on l'exprime avec nos mots, avec notre parole, avec notre environnement, avec ce qu'on vit. Il y a donc une expérience intime qui est vécue par cette recherche. Ainsi, ma première certitude est qu'on ne peut pas échapper à ce qu'on vit.

Deuxième chose : il y a un héritage chrétien, dit chrétien, un héritage occidental. Et il y a une lecture de cette expérience qu'on partage de mille et une manières dans toute la société. Et cette société chrétienne, qui a marqué l'histoire de l'humanité, d'une certaine manière, n'est pas exclusive. C'est-à-dire qu'il y a d'autres lectures possibles, d'autres expériences spirituelles dans d'autres sociétés. Mais si on veut très bien se comprendre, il faut pouvoir identifier quelle est notre propre lecture, puis la comparer avec d'autres.

Si vous permettez, Gérald, gardez bien en tête la troisième certitude dont vous voulez me parler. Mais vous avez parlé un peu plus tôt du mystère chrétien. Pour vous qui avez fait quatre ans de théologie, le mystère chrétien devait donc s'énoncer non seulement en termes d'interprétation de sens, mais aussi en termes de lecture qu'on peut faire de l'Évangile ou de Jésus-Christ, qui est au cœur de ce message.

C'est clair, mais il faut distinguer quelque chose ici. Pour moi, la foi est une chose, et la religion en est une autre. Les religions sont, selon moi, les véhicules d'expression de la foi, de l'expérience personnelle comme de l'expérience communautaire ou ecclésiale. Là où les religions sont à mon avis des réalités à géométrie variable. Ça peut emprunter toutes sortes de formes. Le grave reproche que je fais à plusieurs promoteurs – non, ce n'est pas le terme –, je veux dire témoins de la foi, c'est de confondre leur foi et leur religion. Et si on veut retourner à l'actualité, le débat sur les accommodements raisonnables n'est pas un débat sur la foi, c'est un débat sur les religions. Pour moi, quand il s'agit de ces questions, il faut à la fois être bien campé et savoir décanter les éléments qui n'appartiennent pas à la foi. Cela étant dit, je reviens à la question. **Qui portait sur la foi, et la foi de Gérald Larose.**

L'essentiel de cette foi, c'est la Veillée pascale : c'est la Veillée pascale au sens où il y a un Dieu qui s'est fait homme, qui est mort et qui a ressuscité. Pour moi, c'est là la grande rupture par rapport à la foi qui avait été véhiculée jusque-là, selon l'Ancien Testament, et qui est encore véhiculée dans un certain nombre de religions : c'est la grande rupture entre la transcendance et l'immanence. En Jésus-Christ, il y a ces deux éléments que sont la transcendance et l'immanence. Mais je trouve que, souvent, des gens qui se disent chrétiens sont possédés par la transcendance, alors qu'ils ont déserté l'immanence. Pour moi, cela est une contradiction radicale. Alors, quand on a foi dans cette union profonde entre la transcendance et l'immanence, on est condamné à une chose, c'est d'être renvoyé à soi-même, individuellement et collectivement.

Je vais le dire en d'autres termes. Pour moi, l'homme ou la femme sont radicalement transformés, rendus responsables d'atteindre les idéaux qu'ils portent. Nous sommes profondément transformés. Et dès qu'on s'en remet à la transcendance pour dire : « Tu feras le travail à ma place », moi je dis que nous venons de déserter le mystère chrétien. Nous ne pouvons plus déserter notre responsabilité, nous ne pouvons plus déserter notre liberté, nous ne pouvons plus déserter la solidarité, parce que, et c'est cela qui est extraordinaire dans le message chrétien, l'idéal de l'amour et de la liberté est atteignable dans la fraternité, dans la solidarité. Nous ne pouvons donc pas passer à côté de nous-mêmes, mais nous ne pouvons pas non plus passer à côté des autres. C'est la raison pour laquelle je crois personnellement que cela est un stimulant extraordinaire pour la transformation sociale.

Vous avez eu relativement jeune cette intuition fondamentale de la nécessité d'incarner ce message ou ce sens induit par la foi en Jésus-Christ, de l'incarner par le type d'engagements que vous avez pris. Mais, au cours de votre route, au cours de votre vie syndicale, comment avez-vous maintenu ou comment êtes-vous resté fidèle à ces intuitions sur le mystère chrétien, dans une société de plus en plus laïcisée, séculière?

Très concrètement, dans l'itinéraire professionnel que j'ai parcouru, j'ai connu des morts au quotidien et j'ai aussi connu des résurrections au quotidien. Chaque fois qu'un ouvrier ou une ouvrière, qu'une personne opprimée, méprisée, se relevait et se solidarisait, pour moi, il n'y avait plus de mystère. Ou plutôt, il y avait une vie qui me rappelait que c'est exactement cela, le sens profond de l'existence. Sans bénir ces actes, il suffit de reconnaître la réalité telle qu'elle se passe. J'ai donc été alimenté essentiellement par le quotidien vécu au fil de mes engagements.

Tout à l'heure, je vous ai coupé la parole alors que vous étiez en train de confier trois certitudes que vous avez acquises à propos de l'interprétation, du sens à donner à l'existence. Quelle est la troisième certitude dont vous vous apprêtiez à parler?

Ma troisième certitude, c'est qu'il y a invariablement un rapport entre la structure du pouvoir dans la société et le message que les superstructures ont tendance à forger et à transmettre pour consolider cette structure du pouvoir. C'est un peu théorique, mon affaire, mais je vais...

Il n'y a pas un peu de marxisme, dans cette lecture?

Mais non... Regardons l'expansion des intégrismes aujourd'hui! Je pense qu'on est exactement dans ce type de reproduction. Quand on invoque Dieu pour parvenir à maintenir une structure sociale, est-ce que l'enjeu dominant est vraiment Dieu ou bien est-ce la structure sociale? On fait dire certaines choses à Dieu pour légitimer la structure sociale.

Par exemple, quand on entend parler George Bush, je vous dirai qu'il instrumentalise la religion. Je ne sais rien de sa foi personnelle, je ne la connais pas. Mais il instrumentalise la religion pour légitimer sa structure de pouvoir. Bush le fait, et al-Qaïda le fait. C'est pour cela que, selon moi, la religion n'a rien à voir avec l'expérience chrétienne, qui renvoie au fait que la foi n'est pas quelque chose d'extérieur ; la foi, c'est une expérience introspective – je parle bien sûr de la foi chrétienne. Aussi, tout ce qui relève de la religion vécue de façon ostensible suscite à mon avis de grandes interrogations. Habituellement, on recourt à la religion plus pour légitimer une structure imposée de l'extérieur, une structure de pouvoir, que pour vivre intensément l'expérience spirituelle.

Vous faites donc une distinction très nette entre la religion et la foi. Mais quand vous parlez de la Résurrection comme fait central de l'expérience religieuse chrétienne, et de l'influence que cela peut avoir dans nos vies, il s'agit quand même d'une expression religieuse traditionnelle livrée par l'Église, en l'occurrence l'Église catholique. Il me semble qu'on ne peut pas séparer aussi radicalement religion et foi. Car la foi ne se vit-elle pas dans le cadre d'une religion ? Ne s'exprime-t-elle pas en participant à des offices religieux, en allant à la messe pour certains, en choisissant un certain style de prière, à travers des actes comme ceux-là ?

Je pense que l'expérience de la foi n'est pas une expérience privée au sens de «individuelle», mais au sens où nous la vivons dans notre univers intime. Je suis parfaitement d'accord avec cela. Mais il y a aussi une dimension relationnelle, une dimension communautaire à cette expérience. Et, à mon avis, les formes qu'a prises cette dimension relationnelle ont varié et vont encore varier. Mais souvent la forme que prend cette dimension communautaire de la foi ne sera pas induite par l'expérience de la foi elle-même. Elle peut être modelée par l'environnement dans lequel on évolue.

Le meilleur exemple de cela, ce sont les petites Églises en Haïti et les petites Églises en Amérique latine. Les gens vivent intensément leur foi, mais dans une expérience de solidarité tout à fait concrète. Ils ne sauraient pas comment vivre cette foi en voyant débarquer les dictatures dans leur Église.

Alors, comme vous voyez, c'est plein de contradictions. Mais moi, je n'ai aucun problème avec les contradictions, ça fait partie de l'expérience humaine. Sur une longue période, il s'agit de voir de quel côté évolue l'ensemble. Est-ce qu'on va du côté d'un partage plus grand? Est-ce qu'on va du côté d'un rapport plus égalitaire dans la société ou entre les individus? Il faut donc voir cela sur une longue portée. Mais le fait que certains vivent leur foi d'une manière et que d'autres la vivent d'autres manières, cela n'est pas à mon avis un sujet d'inquiétude.

On ne peut pas parler de la foi chrétienne sans parler de Jésus-Christ, qui est à la fois à l'origine et au centre de cette foi.

D'ailleurs, à mon avis, on gomme trop facilement l'historicité de ce garçon.

On gomme l'historicité? C'est-à-dire?

Quand on fait une lecture approfondie de cette expérience, de la vie de Jésus, si on dit que Dieu a pris le risque de s'incarner, il n'a certainement pas choisi au hasard, à mon avis. Il l'a fait en choisissant un gars très précis, qui s'est appelé Jésus de Nazareth, qui a vécu une expérience dont on peut faire l'histoire de manière scientifique, et qui a en fait été en totale disjonction ou en total décalage par rapport au milieu dans lequel il vivait. Il s'est opposé radicalement à tous les pouvoirs de l'époque, et ça lui a coûté la vie. Par exemple, le Temple de Jérusalem, c'était à la fois l'université, la cour de justice, l'hôtel de ville, la tour de la Bourse, etc. Le pouvoir était concentré dans le Temple de Jérusalem. Mais l'image la plus forte, à mon avis, c'est le voile qui se déchire. Le Vendredi saint, le voile se déchire. Il dit très clairement que c'est de la foutaise, cette affaire-là : que ça opprime, que ça aliène. S'il y a un Dieu, Il est ici : « Je le suis.» À partir de là, nous pouvons relire toute son expérience. Celle-ci se résume alors essentiellement à dire : « Il faut s'aimer, il faut subvenir aux besoins des veuves, il faut visiter les prisonniers, etc.» L'historicité de Jésus de Nazareth, selon moi, donne toute sa couleur à l'engagement chrétien. Et quand on gomme cette réalité pour faire « accroire» que l'expérience spirituelle est un truc qu'on vit comme sur un nuage, alors moi je pense qu'on divague.

Alors, si nous voulons donner un sens à l'existence historique de Jésus de Nazareth, ce n'est pas uniquement les structures sociales, ni même l'éducation religieuse ou la théologie, qui nous permettent de faire ce choix personnel. C'est aussi dans l'intimité, dans le privé, que l'adhésion à ce Jésus de Nazareth se fait. Ici, j'ouvre la porte sur ce qu'on appelle la méditation, la prière, la réflexion spirituelle. Comment vivez-vous ces réalités?

J'ai toujours identifié trois zones à garder en équilibre dans ma vie. Elles ne sont pas hiérarchiques, elles cohabitent. La première zone, qui est celle de la production, de la transformation. Par exemple, j'aime faire la cuisine et du bricolage, j'aime transformer les choses. C'est donc une zone matérielle.

Entre parenthèses, on m'a d'ailleurs dit que vous étiez un très bon hôte et que vous organisiez de grandes fêtes estivales, avec beaucoup de monde, la famille, des amis…

L'été dernier, j'ai organisé trois grandes fêtes : à l'une, nous étions 146, aux autres, 93 et 72 respectivement, avec 3 familles différentes. J'ai fait de la prospection minière pendant dix ans, et c'était le quarantième anniversaire de la découverte d'un premier indice qui nous avait conduits à un gisement très important. Alors j'ai invité tous ceux qui avaient travaillé pour l'entreprise à l'époque. Nous nous sommes ramassés à 146 personnes, très exactement, en provenance du monde entier. Pour moi, cela fait en effet partie de la célébration d'une transformation, parce que là, nous avions quand même travaillé la terre, découvert des choses et réalisé ces tâches en partageant une expérience qui a duré dix ans. C'est un exemple que je donne pour illustrer le fait que j'aime beaucoup transformer les réalités.

Puis, j'aime beaucoup aussi – et c'est la deuxième zone – la dimension relationnelle de la vie. Alors j'aime travailler avec les organisations, avec les autres, mettre en réseaux, etc. La dimension communautaire est importante. Et enfin, je suis également un solitaire. Je suis capable de prendre tout seul une marche de trois heures et demie en raquettes, comme je l'ai fait récemment. La dimension contemplative est extrêmement importante. Habituellement, quand je voyage, je m'organise pour voyager seul. J'ai horreur... Non, le mot «horreur» est un peu fort... Mais j'aime moins être avec quelqu'un d'autre alors que je voyage en autobus, en train, ou même en avion, car ce sont des moments privilégiés de grande réflexion.

Nous sommes des êtres complexes, et je crois que l'expérience spirituelle, ou l'expérience de la foi, emprunte cette complexité. Il y en a qui voudraient qu'on vive cela dans l'intimité, dans une approche psychologisante, etc. Bien sûr, il y a un petit bout qui tient de cette approche. Mais quand ce n'est que cela, je pense qu'on passe à côté d'une bonne partie de cette réalité complexe. C'est cela aussi, à l'occasion. Je pense que plusieurs adhèrent à cette vision de l'expérience de la foi. Cela n'emprunte pas nécessairement des formes rigides, que je ne méprise pas d'ailleurs. Certains se donnent des temps de prière, de méditation, très rythmés, très structurés. Je n'ai aucun problème avec ça. Je le fais aussi, mais en ne les ritualisant pas nécessairement.

Mais la foi telle que vous l'avez décrite au cours de cet entretien est-elle encore vivante à vos yeux? A-t-elle un certain avenir?

Oui. Je pense qu'il y a dans bien des individus militants que je rencontre des gens qui ont une foi profonde dans la capacité que nous avons, comme individus et comme société, de passer à travers les difficultés et de tracer, de mettre en place les conditions nécessaires à l'avènement d'une société qui soit meilleure, qui respecte la nature et qui soit plus égalitaire. Prenons le seul exemple du mouvement écologiste. Je vois dans ce courant beaucoup d'engagements qui sont des synthèses de ce qu'on peut promouvoir comme société pour l'avenir.

Je pose ma question autrement: est-ce que Jésus-Christ lui-même a un certain avenir comme objet de foi ou de croyance dans ce pays?

Oui. Je pense qu'il y aura toujours des gens qui se rattacheront à cette expérience profonde qui a marqué l'histoire et qui continuera à la marquer. Est-ce que tous le nommeront? Je n'en sais rien. Mais il s'en trouvera toujours pour le nommer. Et n'est-ce pas suffisant? Parce que, à mon avis, l'essentiel est que la liberté qui nous définit profondément, comme la solidarité d'ailleurs, soit vécue au quotidien; cela nous appartient donc de le nommer ou pas.

Cela pourrait faire une bonne conclusion à cet entretien, mais je ne puis laisser partir Gérald Larose sans qu'il nous dise deux mots sur la souveraineté du Québec. Croyez-vous que ce pays continuera à vivre si la souveraineté telle que vous l'imaginez ne se réalise pas dans un temps relativement court, 10 ans, 20 ans?

Nous sommes à une époque charnière, c'est évident. Personnellement, je travaille beaucoup pour que les gens se rendent compte qu'il faut pouvoir nous projeter sur une longue période pour découvrir que, si nous ne changeons pas la structure profonde de cette entité qu'est le Québec, nous connaîtrons ce que tous les autres ont connu en Amérique du Nord. Cela est inscrit un peu dans les lois de la nature. Cela fait aussi partie de mes convictions.

Et de votre foi?

Et de ma foi. Comme pour les individus, je dirais que la liberté pour les groupes, pour les nations, pour les peuples, ça demeure l'indépendance et la souveraineté. Et je ne connais pas d'individus qui ne veuillent pas être libres. Ça me surprendrait qu'une nation ne veuille pas être souveraine. La nôtre a connu une histoire particulière, elle a choisi un itinéraire qui est lui aussi particulier. Car je rappelle que 97 % des nations sont devenues indépendantes par les armes. Ce n'est pas le choix que nous avons fait. Nous avons choisi les urnes. Cela suppose le débat démocratique, cela suppose la conviction, cela suppose une décision majoritaire, et je serais surpris qu'on n'y arrive pas.

15

SŒUR LOUISE
Le silence du Plateau

J'aime beaucoup me rappeler que nous sommes
proches des gens qui cherchent dans la nuit, même
des sans Dieu : par nos nuits, nous les rejoignons,
nous communions avec eux.

*Le Carmel est situé au 351 de l'avenue du Carmel, sur le Plateau
Mont-Royal, à Montréal. Sœur Louise, la prieure, toute souriante bien qu'un peu nerveuse, nous y a reçus à l'automne 2007.
Depuis le débat soulevé par l'annonce de leur départ, en 2004 de
la vente du monastère et de la construction de condos, les carmélites commencent à retrouver leur sérénité, même si la réfection
de la muraille de pierre trouble leur silence. Ces nouvelles
avaient provoqué beaucoup d'émoi et de tristesse parmi plusieurs
amis du Carmel, en plus d'avoir suscité tergiversations, débats
et discussions un peu partout chez les Montréalais. L'affaire s'est
finalement bien dénouée. Le gouvernement a été sensibilisé à la
question. Le ministère de la Culture et des Communications, par
l'entremise de différents programmes de protection du patrimoine, a classé le Carmel dans la catégorie des biens culturels.
Sans vouloir entrer dans les détails, le problème à l'origine de
cette affaire était d'ordre financier, car le bâtiment du Carmel*

Émission diffusée le 20 décembre 2007.

était en train de se désagréger. Il s'agit tout de même d'une construction qui date de 1896. Malgré toutes ces turbulences, les carmélites ont toujours maintenu le cap : une vie de prière et de silence au cœur de la ville. Une vie où elles sondent le cœur de Dieu tout en étant solidaires des attentes, des inquiétudes et des angoisses des gens qui les entourent. Sœur Louise était déjà la prieure du Carmel durant ces moments difficiles et l'est encore, mais elle peut aujourd'hui se recentrer sur sa vocation première, l'attention au mystère de Dieu.

J'ai commencé par le rappel du projet de vente du Carmel parce que, pour plusieurs, cet événement a révélé l'existence du Carmel à Montréal. Ce problème est maintenant un peu du passé, pour vous?

Oui. Cela a été très lourd à gérer mais, en même temps, cela a sensibilisé la population de façon tout à fait inattendue pour nous. J'aimerais souligner trois petits exemples très concrets qui nous ont beaucoup touchées. Il y a une personne proche du Carmel que nous aidons un peu parce qu'elle est très malade, prise du cancer, eh bien, quand elle a appris que nous restions, elle s'est levée, s'est habillée, a pris le métro et est venue nous porter une rose! Puis il y a cet adolescent qui, un an et demi après l'annonce que nous restions, alors que je sortais pour aller au CLSC, vient vers moi à bicyclette, avec verres fumés, jeans et chapeau, s'arrête et me dit : «Madame, merci de rester.» Et puis ce chauffeur de taxi, qui ramène de l'hôpital une sœur aînée : «Ah! moi, quand je conduis à cet endroit-là, je ne charge pas.» Il y a eu une solidarité qui nous a beaucoup encouragées. Et nous sommes contentes de rester, sans aucun doute.

Au fond, vous étiez plus connues et appréciées que vous ne le pensiez?

Mais qu'est-ce que les gens perçoivent? Après tout, ils ne nous voient pas et nous ne parlons pas souvent à la radio : pour cela, il faut la ténacité de monsieur Lesage! Nous n'écrivons pas... Jamais, dans les pétitions qui ont circulé pour rester ou pour partir, nous n'avons voulu souscrire. Nous sommes ici depuis 132 ans, depuis 1875, d'abord dans le quartier Hochelaga, et depuis 1896 sur l'avenue du Carmel. Mais qu'est-ce que les gens viennent chercher ici, ou qu'est-ce que nous apportons à la société?

Vous dites qu'on ne vous voit pas. Alors j'aimerais que vous nous donniez une idée de ce que vous faites. On imagine facilement que vous priez tout le temps, mais à quoi ressemble la journée d'une carmélite, en 2007, sur le Plateau, à Montréal? Fabriquez-vous encore des hosties?

Je pense que la journée de prière correspond à peu près au quotidien de sainte Thérèse d'Avila, quand elle a réalisé la réforme, en 1562! Pour notre part, nous tentons de gagner notre vie le mieux possible, mais nous recevons beaucoup d'aide. Qu'est-ce que nous faisons? Bien, le matin, c'est la prière jusqu'à 9 heures : après nous être levées à 5 heures 30, suit l'heure d'oraison, qui caractérise le Carmel, puis c'est l'Eucharistie suivie par le travail manuel. Il y en a qui font les hosties, comme vous dites, mais d'autres sont à la cuisine ou à diverses formes de travail manuel.

Les hosties sont-elles encore la principale source de financement du Carmel, ici, à Montréal?

C'est la source principale. Il revient au Carmel, aux religieuses contemplatives, de faire le pain d'autel pour les paroisses. Dès que nous nous mettons au travail, une heure, une heure et demie après, on sonne pour la prière. Cela nous rappelle que nous sommes ici pour prier, pour la louange, pour l'intercession. C'est une vie de prière : notre travail, c'est donc la prière.

On a évoqué le rayonnement du Carmel. Êtes-vous en contact avec beaucoup de gens ? Est-ce que plusieurs s'arrêtent au Carmel pour demander une prière ou viennent à la chapelle ?

Oui, celle-ci reste ouverte tous les jours. Mais je pense que notre présence a un impact auprès des gens qui sont proches du Christ, proches de Dieu, mais qui peut-être ne pratiquent pas, qui ont une relation à Dieu incertaine ou qui peuvent être en recherche.

Et votre cheminement à vous, personnellement ? Pourquoi le Carmel ?

Chaque carmélite a son propre cheminement. C'est comme une rencontre. Vous êtes marié, vous avez donc rencontré quelqu'un. Je me dis que c'est unique. Je ne veux pas dire que mon cheminement est celui de toute carmélite, parce que ce n'est pas « le » cheminement qu'il faut pour entrer. De fait, il n'y a pas de cheminement à proprement parler. C'est la réponse à un appel. Le Bon Dieu ne regarde pas de quelle famille elle est, ou quelle est la couleur de ses yeux.

Le Bon Dieu ne regarde pas cela mais moi je le regarde. Comment cela s'est-il passé, justement ?

C'était dans les années soixante, ce qui en dit déjà pas mal. Je viens d'un milieu chrétien, catholique. Ce qui est peut-être un peu spécial, pour ma vocation à moi, c'est que le désir de cette forme de vie – j'appelais cela « une sœur qui prie tout le temps » parce que le mot « contemplative » m'était inconnu – a comme grandi avec moi. Et cela, dès l'âge de raison. Cet attrait a toujours grandi avec moi. Mes parents, mes bons parents, m'ont dit : « Louise, tut, tut, pas avant 20 ans, pas avant d'avoir travaillé et vécu un peu. » J'ai donc fait cela et, à 21 ans et 2 jours, j'entrais au Carmel. Je peux aussi dire que j'ai eu de très belles amitiés, féminines et masculines, qui m'ont toujours suivie, même en communauté, et que je n'ai jamais regrettées. Il faut dire que le cœur d'une religieuse, d'une carmélite, est fait pour aimer. Si on ne peut pas aimer avant d'entrer, comme on dit chez nous, eh bien, on ne pourra pas aimer nos sœurs à l'intérieur. Dans le discernement d'une vocation, moi, je demande toujours : « Est-ce que tu as aimé ? Est-ce que tu as eu de belles amitiés ? As-tu aimé quelqu'un ? » On me répond parfois : « Ah, non ! » Dans ces cas-là, je dis : « Alors, on va attendre un peu, peut-être. » C'est qu'il s'agit d'une vie avec Dieu, c'est une vie pour ses frères et sœurs. C'est une vie d'amour, en somme.

Mais l'idée du Carmel, précisément, cela s'est découvert comment ? Par la petite Thérèse ou autrement ?

J'ai un peu honte de le dire, surtout à la radio, mais pour moi, c'était : « Je veux voir Dieu, n'importe où. » Je pensais aux Clarisses.

« Je veux voir Dieu », c'est un cri passionné de sainte Thérèse d'Avila, non ?

Oui, mais je ne le savais pas. Je peux vraiment dire que c'est le Seigneur qui a choisi pour moi, parce que moi, je ne voulais que voir Dieu, être toute consacrée à Dieu, mais sans oublier le monde pour autant. Je me suis donc dit : « C'est Lui ! »

Vous êtes au Carmel depuis maintenant plus de 40 ans, et je sais qu'il y a des maîtres de spiritualité au Carmel. Par exemple, on parle beaucoup de la petite Thérèse, de Thérèse d'Avila, et de saint Jean de la Croix. Êtes-vous entrée peu à peu dans leur univers ou est-ce que vous les connaissiez déjà auparavant ?

Non, je ne les connaissais pas. J'ai connu ces maîtres en entrant au Carmel. Puis je pense pouvoir dire que c'est vraiment saint Jean de la Croix qui m'a accompagnée dès le départ. Saint Jean de la Croix ne m'a pas quittée beaucoup depuis. Il est vrai que, pour chaque carmélite, on peut dire : « Pour celle-ci, c'est saint Jean de la Croix, pour l'autre, c'est

sainte Thérèse d'Avila, la petite Thérèse, ou Élisabeth...»
Pour moi, c'est saint Jean de la Croix. Mais aucun d'entre eux
n'est mieux que les autres ; là n'est pas l'important. Dans le
fond, ce qui compte, c'est d'être à Dieu, puis d'être apostolique, par le chemin du Carmel, par l'expérience de Dieu, par
la contemplation si Dieu nous en fait le don.

**Mais vous êtes aussi avec d'autres sœurs, dans une petite com-
munauté de 14 religieuses. Comment cela se vit-il au jour le
jour ?**

Toujours ensemble, à vie. Thérèse d'Avila dit : « La vie mystique, la vie d'oraison se vérifie dans la vie fraternelle.» Je puis
être à l'oraison pendant une ou deux heures, être à l'Eucharistie, mais en sortant du chœur, en sortant de la chapelle, si
je rencontre ma sœur et que je ne suis pas fraternelle, oubliez
ça !« Retourne au chœur !» Nous sommes à la fois ermites et
cénobites. Nous vivons en ermites, mais dans la fraternité. Ce
dernier aspect authentifie d'ailleurs ma vie de prière.

**Quand vous dites « ermites et cénobites », que voulez-vous
dire ?**

Ermite veut dire que nous travaillons toujours en silence.
Nous avons un temps de rencontre, après le dîner, qui est
d'une demi-heure, et 45 minutes le soir mais, le reste du
temps, nous essayons quand même de travailler en solitude.
Nous ne parlons que pour le nécessaire. C'est une vie d'oraison, c'est une vie de prière. Mais cette vie de prière doit être
authentifiée par une vie fraternelle. C'est difficile, mais c'est
très bien, parce que je ne peux pas aimer les gens que je ne
vois pas. Je dis que j'aime les gens, que je vis au cœur de la
société, mais je ne les vois pas.

**Dans les quelques reportages que j'ai vus à l'occasion, peut-
être même sur les Carmélites de Montréal, sinon sur d'autres
communautés contemplatives féminines, on voit des images**

idylliques de religieuses qui sourient, dans les jardins, qui parlent, qui vivent la fraternité joyeusement. Est-ce ainsi, la vie de communauté, chez les Carmélites ?

Ce n'est pas toujours comme cela, mais je me dis qu'une communauté est vraie s'il y a le pardon. « Une communauté de fête et de pardon », disait Jean Vanier à propos de ses communautés. Je crois que toutes les communautés religieuses devraient être un lieu de fête et un lieu de pardon. Je puis vous faire part d'un événement que j'ai vécu lorsque j'étais postulante. Je suis entrée très jeune, à 21 ans. Alors, c'est sûr que lorsque j'ai entendu deux religieuses se parler un peu fort, j'en ai été, non pas scandalisée, mais fort surprise. Or, le soir, avant la prière de l'Office des Lectures, le long office du soir, j'ai vu ces deux sœurs à genoux au chœur. Je me suis dit que cela était correct. Les deux se reconnaissaient devant le Seigneur : « Eh ! oui, j'ai manqué. Tu me pardonnes ? » « Bien, c'est évident ! » C'est ce que je veux dire : il ne faut pas en faire un drame, mais dire « Bien oui, je suis en chemin », puis l'offrir... pour des couples qui sont peut-être en difficulté, pour le prêtre qui doit tenir. C'est un milieu humain, la vie religieuse est humaine.

Saint Jean de la Croix est votre principal guide spirituel. Toute son œuvre exprime l'idée d'une montée vers les sommets de la vie spirituelle. Je rappelle quelques titres : *La montée du Carmel, Le Cantique spirituel, Vive Flamme d'amour*... En somme, tout évoque un cheminement vers la présence de Dieu, vers l'union transformante, mais j'y ai cependant trouvé des phrases déroutantes. Je vous en cite quelques-unes que je vous invite à commenter : « Pour mortifier les passions, que l'âme cherche toujours à s'incliner non au plus facile, mais au plus difficile, non au plus savoureux, mais au plus insipide, non à ce qui lui plaît davantage, mais à ce qui lui plaît moins. »

Quand une personne entre au Carmel, si elle souhaite préserver toutes les relations familiales qu'elle avait, si elle veut conserver toutes ses amitiés, si elle veut tout continuer et adopter en même temps une vie érémitique, cela ne marchera pas. Au début de la vie spirituelle, il y a inévitablement des détachements, des coupures, mais qui se font de façon très humaine. Ce n'est rien de violent, parce que Dieu n'est pas dans le violent. Il est parfois dans l'ouragan, mais ce n'est pas toute la vie. En général, Il est plutôt dans la brise légère. Prenez sainte Thérèse de l'Enfant Jésus, sur son lit de mort, elle avait envie d'un éclair au chocolat.

Est-ce que les religieuses lui en ont apporté un?

Sa famille lui en a apporté un. Pourquoi pas? Ce qu'il faut comprendre, c'est que l'enseignement de saint Jean de la Croix n'est pas dans des phrases semblables sorties de leur contexte. L'âme – c'est mon vocabulaire, ici –, la religieuse ou la personne laïque qui veut une vie chrétienne authentique doit faire des choix, doit faire un choix. Mais le sportif aussi, fait des choix, et le père de famille également…

Je cite une autre phrase de votre guide: «Pour obtenir la victoire sur elle-même (l'âme ou la religieuse), qu'elle tâche d'abord d'être méprisée et de désirer que les autres la méprisent. Qu'elle s'efforce ensuite de parler à son désavantage et désire que les autres parlent mal d'elle.»

Ce passage m'est moins familier. Mais Jésus s'est-Il défendu devant Pilate? Jésus s'est tu. Mais peut-être est-ce l'âme un peu plus avancée qui pourra essayer d'imiter Jésus. Il ne s'est pas défendu, Il n'a pas dit: «Hé! Je suis Fils de Dieu!» Non. Il a gardé le silence. Et à Gethsémani, Il a ployé. C'est un chemin spirituel.

Au fond, je voulais comprendre mieux pourquoi cette ascèse, dans l'esprit du Carmel, doit être très exigeante.

C'est l'Amour, puis quand l'Amour y est, il y a l'ascèse. Mais c'est une ascèse d'amour, c'est une vie d'amour. S'il y a une vie d'amour, il y aura des renoncements. Pour s'attacher, il faut se détacher. Alors, si nous voulons nous attacher au Christ, puis être apostolique à notre façon, nous nous détachons forcément. C'est comme un sportif. Il ne pense pas à tout ce qu'il laisse derrière lui, aux sacrifices qu'il doit s'imposer. Il vise la médaille d'or! Dans la vie chrétienne, dans la vie religieuse, regardez le Christ et le détachement va suivre.

C'est vrai que j'aurais pu citer des textes de saint Jean de la Croix plus faciles et un peu plus séduisants. Il écrit par exemple : « Dieu est au centre de l'âme.» Il parle de l'amour de Dieu comme d'une «vive flamme qui nous envahit», comme de cet «Esprit Saint qui nous transforme». Avez-vous expérimenté ces formes de présence?

On ne fait pas l'expérience de Dieu quand on veut! Ce n'est pas une expérience comme les autres. L'expérience de Dieu est un don, si la personne est au rendez-vous ; parfois même sans rendez-vous. Saint Paul n'avait pas de rendez-vous : il s'en allait justement à un autre rendez-vous! C'est Dieu qui vient. C'est Lui qui décide, ce n'est pas…

C'est Lui qui décide, mais vous avez sûrement vécu des exemples de cette expérience, ou des moments, au fil de votre existence quotidienne de carmélite. Avez-vous senti cette Présence de Dieu?

C'est plutôt une présence de foi. Si je le sens, si je le touche, si je comprends – j'ignore si vous parlez anglais mais –, *shame on me* si je crois que c'est Dieu! Dieu est au-delà de cela. Il n'est ni dans le senti ni dans la connaissance. Alors, si je sens Dieu, ce n'est pas Lui, du moins, souvent ce n'est pas Lui. Tandis que l'expérience du Carmel, le message de la doctrine du Carmel, c'est un message de durée dans la nuit. Et cette nuit rejoint les athées, les sans-voix. C'est là que nous nous rejoignons. J'aime beaucoup me rappeler que nous sommes proches des gens qui cherchent dans la nuit, même des «sans-

Dieu» : par nos nuits, nous les rejoignons, nous communions avec eux. Pour cela, il faut durer dans la nuit. L'expérience, ce n'est pas ce que l'on pense, ce n'est pas ce que l'on touche.

Un autre texte de saint Jean de la Croix, si vous permettez : « Ni la communication sublime ni la Présence sensible n'est un signe assuré de la présence de Dieu dans une âme : pas plus, d'ailleurs, que la sécheresse et la privation de toute faveur de ce genre n'est un indice de son absence. »

Je pense que le texte est bien choisi parce que, quand on parle d'expérience de Dieu, on est porté – du moins certains le sont – à dire : « J'ai senti quelque chose, j'ai vu – espérons que cela est plutôt rare quand même –, j'ai senti... »

C'est un peu la question que je vous posais tout à l'heure : avez-vous senti quelque chose ?

Ce n'est pas si simple que cela. Et ce n'est surtout pas un critère d'une expérience de Dieu, du moins si je me fie à la doctrine du Carmel. Il ne s'agit pas là de ma doctrine, mais de celle de l'école thérésienne.

Quand on réfléchit sur l'absence ou la présence de Dieu, si je comprends bien le texte de saint Jean de la Croix, il ne faut pas se fier uniquement au fait que l'on puisse sentir ou non cette présence. En ce sens, l'aridité de la prière ou la sécheresse de la vie spirituelle peuvent avoir un sens et durer peut-être long-temps ?

Oui, cela peut durer toute une vie. Mais nous nous apprivoisons. Je me dis que le Seigneur est bon. Il va peut-être donner – au moment de la prière, au moment de l'Eucharistie, au moment d'une oraison –, comme saint Jean de la Croix l'appelle, une touche, une grâce plus sensible qui va nous faire tenir éventuellement pendant des années. Saint Jean de la Croix dit justement que, quand la sécheresse est trop aride ou trop longue, on peut penser, sans s'y complaire, à cette grâce que nous pouvons avoir eue il y a longtemps, la grâce, peut-être, de notre vocation, la grâce de notre appel. Ou une joie dont nous avons senti qu'elle nous donnait une paix qui n'était pas une paix que nous nous donnions nous-mêmes. Jean de la Croix, tout austère qu'il est peut-être – c'est le docteur de l'Amour, selon Thérèse de l'Enfant-Jésus –, dit que nous pouvons nous souvenir de ces grâces aux moments de difficulté : « Oui, Dieu m'a appelée au Carmel, ou Dieu m'a appelée à telle vocation, etc. » Cela nous permet de durer. Alors nous continuons. Nous ne nous attachons pas à la grâce ; une fois que la grâce est passée, l'effet demeure. Or, qu'est-ce que cela produit ? Cela produit un don de soi, un dépassement. Ensuite, nous continuons.

Je reviens sur une citation déjà mentionnée : « Dieu est au centre de l'âme. » Comment cela peut-il être compris ?

(*À cette question, Sœur Louise fait un mouvement de tête et se prend la tête entre les mains.*) Mais cela ne se comprend pas avec l'intelligence ! C'est une question de foi ! Si je veux tout comprendre avec mon intelligence, si je veux tout comprendre par une étude, comme une expérience que je ferais dans un laboratoire, Dieu fuit, tout simplement. Il n'est pas là, Il n'est pas à mon niveau. Il me semble que la joie de Dieu, c'est de se donner comme Lui le fait. Mais Il nous dépasse. Quand j'ai saisi que Dieu se donnait et que je ne pouvais pas Le comprendre, j'étais alors novice, je me souviens d'avoir couru dans le bureau de ma mère maîtresse et de lui avoir dit : « Mais pourquoi ? Pourquoi nous a-t-il fait comme ça alors ? » Cela avait presque été un drame pour moi mais, en même temps, cela avait été une grâce. Peut-être cela avait-il été la grâce de ma vie que de comprendre que Dieu n'est pas à mon niveau. Fort heureusement ! C'est donc une vie de foi. Justement, une vie de foi qui peut se vivre dans les cloîtres, au Carmel, et aussi dans le monde, j'en suis sûre.

Mais dans les cloîtres, c'est notre spécialité, c'est notre apostolat – par cette vie de foi nous rejoignons les chrétiens, puis même les athées qui vivent ce gouffre, ce vide, qui n'ont pas trouvé de sens. La petite carmélite, elle, essaie de tenir dans ce vide, dans ce noir.

ÉPILOGUE

La question qui sous-tendait ces entrevues était celle-ci : Peut-on expérimenter Dieu, peut-on le connaître ? Et si c'est possible, quels en sont les effets pour les personnes qui le rencontrent ? Qui est ce Dieu rejeté ou oublié par le courant culturel dominant mais encore professé par certains, bien que, le plus souvent, discrètement. J'essaie souvent de comprendre pourquoi je suis encore croyant et pratiquant, alors que tant d'êtres proches, d'amis, de collègues ne le sont pas.

Il y a plus de 40 ans, dans ces interminables discussions que nous avions entre amis sur l'existence de Dieu, sur le problème du mal, sur l'oppression moraliste, la domination cléricale et l'exploitation des femmes, c'était l'émergence d'une intuition qui m'avait peu à peu maintenu sur les sentiers de la foi. Mais affirmer en soi que « Dieu est amour », comme l'a écrit l'apôtre Jean, peut paraître inutile, voire ridicule ou scandaleux, quand on est témoin tous les jours de la marche actuelle du monde. Alors pourquoi persister dans cette affirmation ? Pourquoi en faire le fondement de sa croyance ? Comment explorer cette réalité ? Comment s'assurer de sa vérité ? Peut-on expérimenter cette donnée de la conscience ?

Je n'ai pas encore de réponses claires à ces questions, mais ces entretiens, qui étaient aussi en partie des récits de vie, ont ranimé ma passion pour ces enjeux tout en me permettant de rencontrer des personnes fort sympathiques, réfléchies et libres. Les chemins qui mènent à ces découvertes sont en fait aussi nombreux qu'il y a de chercheurs de Dieu ou de l'Être. Les grandes familles religieuses offrent des pistes de réponse, mais parfois elles les brouillent elles-mêmes en imposant des barrières qui enferment leurs adhérents dans un labyrinthe d'interdits et un dogmatisme sclérosé. Mais la foi qui sauve, la foi dans l'avenir, la foi dans l'humanité agit dans toutes les cultures. Elle est confiance dans la vie et moteur de dynamisme individuel et collectif.

TABLE DES MATIÈRES

Ce livre a été imprimé au Québec en octobre 2008
sur les presses de l'imprimerie Gauvin.

L'intérieur de ce livre a été imprimé
sur du papier certifié FSC, 100% recyclé.